für meine Kinder

rené   kempel

der
allegonaut

Bibliografische Information der Deutschen Nationalbibliothek:
Die Deutsche Nationalbibliothek verzeichnet diese Publikation in der Deutschen Nationalbibliografie; detaillierte bibliografische Daten sind im Internet über http://dnb.dnb.de abrufbar.

© 2019 René Kempel

Illustration: **Michael Kronenberg & René Kempel**
weitere Mitwirkende: **Annika Kempel**

Herstellung und Verlag: BoD - Books on Demand, Norderstedt

ISBN 978-3-7412-8035-1

Kapitel Eins

Was ein *Allegonaut* ist? Außer dass es sich hierbei um eine Wortschöpfung handelt, die sich aus den Begriffen *Allegorist* und *Kosmonaut* zusammensetzt, trifft eines ganz besonders zu: Es ist schwer zu sagen, was damit gemeint ist. Ja und wenn man nicht weiß, wo man anfangen soll, bekanntlich am besten vorne und der Reihe nach.

Am Anfangspunkt, genau genommen am Verkehrsknotenpunkt Neumarkt, kreuzten sich, wie an jedem Werktag um diese Zeit, die Wege Vieler. Auf seinem Rückweg vom Büro in der Kölner Innenstadt nach Hause, einer gemieteten Doppelhaushälfte im Stadtteil Rodenkirchen, stieg Tim an der unterirdischen Station in die Straßenbahn der Linie 16 und setzte sich auf einen freien Fensterplatz. Ermüdet von der Arbeit und genervt von den Kollegen konnte er es kaum erwarten, diesem vorweihnachtlichen Feierabend-Getümmel zu entkommen und endlich wieder daheim bei seiner Frau Anna zu sein.
Auffallen um jeden Preis gehörte offensichtlich nicht zu seinen Leitsprüchen, auf den ersten flüchtigen Blick kam er eher unscheinbar daher. Dem Bild eines von Kopf bis Fuß gestylten Anzugträgers, wie man sich den Habitus eines kaufmännischen Angestellten vielleicht im ersten Moment vorstellt, entsprach er in keiner Weise. In seiner schlichten, in dezenten Erdfarben gehaltenen Kleidung, dem grauen Rucksack und seiner der Natur überlassenen Haarfrisur hätte er auch gut als Biologiestudent oder Ähnliches durchgehen können. Er war erst Anfang 30, durch die von Sorgenfalten durchzogene Stirn und die schon leicht ergrauten Haare an den Schläfen wirkte er aber schon ein paar Jährchen älter. Wie sein nachdenklicher Gesichtsausdruck, so ließ auch seine Körperhaltung bei genauerer Betrachtung erahnen, dass er nicht ganz unbeschwert durchs Leben ging. Die tiefen Augenringe und seine blasse Haut zeugten zudem von einer Lebensweise der ungesünderen Art.
Bevor die Türen sich wieder schlossen, kamen noch einige

Fahrgäste hinzu, so blieb auch der Sitz neben ihm am Gang nicht lange unbesetzt. Obwohl er nur ungerne Bahn fuhr, war Tim ganz froh, nun im Warmen zu sitzen. Der im Fußraum gelegene Heizkörper ließ die Schneematschreste an den Schuhen der Insassen im Nu schmelzen, sodass sich kleine Pfützen Schmutzwasser auf dem Boden bildeten. Aus seinem Rucksack, den er sich vorsorglich zwischen die Knie geklemmt hatte, damit er sich auf dem nassen Boden nicht vollsaugte, kramte er die Tagesausgabe des Kölner Stadt-Anzeigers hervor, die er schon morgens bei einer Tasse Kaffee und nach vielen weiteren in seiner Mittagspause ausgiebig studiert hatte. Es war weniger die Ablenkung, die er sich von ihr versprach, vielmehr diente sie dem Zweck, ihn von seinen Sitznachbarn abzuschotten und Geschäftigkeit vorzutäuschen.

Ein ums andere Mal guckte er nachdenklich aus dem Fenster, vor dem die Lampen hypnotisierend gleichmäßig vorbeizogen, während die Bahn durch den Schacht schnellte. Seine Gedanken kreisten um die beiden Punkte, die sich kontrastreich gegenüberlagen und die Strecke der Linie 16 miteinander verband. Der eine, er stand für sein Berufsleben, erschien ihm dunkelgrau, überwiegend gefüllt mit negativen Attributen, der andere, helle Punkt für sein Privatleben. Hier saß er abermals in ihrem Zwischenraum und wie so oft, vermochte er geistig nicht zu vollbringen, was seinem Körper bereits gelungen war. Den düsteren Punkt konnte er einfach nicht hinter sich lassen. Allzu gerne wollte er nur nach vorne schauen, musste aber immer wieder zurückblicken.

Tim hatte nicht zu denen gehört, die schon von klein auf eine klare Vorstellung von dem hatten, was sie später einmal werden oder in wessen Fußstapfen sie treten wollten, deren Werdegang sich schon früh abzeichnete. Auch war da nichts gewesen, was er überragend gut beherrschte, für das er sich auf Lebenszeit hätte begeistern können. Anstatt hoch-, war er eher breitinteressiert wie breitbegabt und es fiel ihm oftmals schwer, sich einer Sache ungeteilt hinzugeben. Aus seiner Unentschlossenheit heraus hatte er nach bestandenem Abitur und geleistetem Zivildienst zunächst eine kaufmännische Ausbildung, die sich über „Vitamin B" angeboten hatte, mit minimalem Einsatz abgeschlossen. Doch was eigentlich nur als Übergangslösung fungieren sollte, hatte wider Erwarten zu einer festen und nun schon über zehn Jahre andauernden Anstellung geführt. Einerseits war ihm bewusst, dass er für seine Arbeitsstelle dankbar sein konnte und er genoss in der Firma ein hohes Ansehen, zwischenmenschlich wie fachlich, auch wenn er keine leitende Position bekleidete, andererseits hatte er sich mit dieser Tätigkeit und dem Unternehmen nie identifizieren können. In seinem Büro fühlte er sich fehl am Platz, unter seinen Kollegen wie ein Fremdkörper. Alles, was dieser Job mit sich brachte, mit Ausnahme des Lohns, ödete ihn regelrecht an. Dies vor seinen Kollegen und Vorgesetzten jeden Tag aufs Neue zu verbergen, bereitete ihm zunehmend psychische Qualen. Er konnte und wollte sich nicht damit abfinden, Erfüllung ausschließlich in seiner Freizeit zu spüren - sein Leben hatte er sich schlichtweg anders vorgestellt. Was hatte er denn schon groß geleistet heute, gestern oder vorgestern, fragte er sich und dachte an die zahlreichen Arbeitsstunden zurück, in denen er überwiegend vor dem Monitor mit der Datenerfassung in ein Warenwirtschaftssystem beschäftigt war.

Dank seines Multitalents gab es sicherlich diverse alternative Tätigkeiten, die er ohne Weiteres hätte ausüben können, doch die Überzeugung, etwas gefunden zu haben, das wirklich zu ihm passte und wert war, dafür notfalls nochmal von Neuem anzufangen, war bisher ausgeblieben. Es kam ihm so vor, als würde er seine Fähigkeiten vergeuden, und das wurmte ihn ungemein. Die Schlagzeilen wichtiger Ereignisse in der Zeitung, die er beiläufig überflog, die Bilder von Menschen, die im Gegensatz zu ihm Dinge bewegen, sich für etwas Höheres einsetzen, all das führte ihm seine berufliche Bedeutungsarmut nur noch schonungsloser vor Augen. Da war es wieder dieses ungute Gefühl, nur ein passiver Beobachter des Weltgeschehens zu sein und auf seinem Lebensweg eine wichtige Abzweigung verpasst zu haben, wodurch er sich selbstverschuldet scheinbar in eine Sackgasse hineinmanövriert und festgefahren hatte.

Diese tiefe berufliche Unzufriedenheit, die über die Jahre in ihm gewuchert hatte, trug mittlerweile schon einige ungenießbare Früchte. Antriebs-, Lust- und Freudlosigkeit drohten nach und nach sein Privatleben zu vergiften und wirkten sich unweigerlich lähmend auf die Freizeitgestaltung aus. War man früher häufiger ausgegangen, hatte Konzerte besucht und unbeschwert mit Freunden gefeiert, wurden die Feierabende und Wochenenden nun in der Regel daheim verbracht; eine Entwicklung, die seiner Frau ebenfalls Sorgen bereitete. Bis hierhin sah alles danach aus, als würde auch der heutige Tag diesem Abwärtstrend folgen, und nichts deutete darauf hin, dass sich dieser noch zu einem ganz besonderen in seinem Leben entwickeln sollte.

Derweil rauschte die Straßenbahn an die Oberfläche, drosselte die Geschwindigkeit und kam an der Haltestelle Barbarossaplatz zum Stehen. Hatte er das Büro noch in der Dämmerung verlassen, so war das Tageslicht mittlerweile vollends gewichen. Die Straßenlaternen beleuchteten den salzbestreuten Bahnsteig und brachten die noch nicht geschmolzenen Schneekristalle zum Glitzern. Als die Türen sich öffneten, strömte ein Schwall kühler, frischer Luft herein, der sich unter den warmen Mief im Wagon mischte. Hinter dem Schutzschild aus Zeitungspapier, versunken in seine Innenwelt, bemerkte er nicht, wie eine ältere Frau zustieg und sich auf Krücken näherte. Ihr schmächtiger Körper war in einen langen, dunkelblauen Mantel gehüllt, über den sie sich einen prall gefüllten Tragebeutel gehängt hatte. Tims aufmerksamerer Sitznachbar erhob sich prompt, um ihr seinen Platz am Gang zu überlassen, woraufhin sich die Dame freundlich lächelnd bedankte. Sie ließ sich vorsichtig nieder, legte die Gehhilfen zu ihrer Rechten ab und den Beutel auf ihren Schoß. Aus den Augenwinkeln bemerkte Tim, wie sie sich offenbar bestens gelaunt umschaute, als hielte sie nach einem geeigneten Gesprächspartner Ausschau. Kaum eine Minute war vergangen, da hörte er auf einem Ohr mit an, wie die Frau ein junges Mädchen neben ihr auf dem Gang auf das Leuchthalsband ihres Yorkshire Terriers ansprach. Anscheinend hatte sie dergleichen zuvor noch nie gesehen, so köstlich amüsierte sie dieser Anblick. Bei Tim schrillten die Alarmglocken, er dachte sich: Na super, das ist so eine Mitteilungsbedürftige. Die hat mir gerade noch gefehlt. Eigentlich war er ein guter Zuhörer, sobald er aber auch nur annähernd witterte, dass diese Eigenschaft von Vielrednern mit endlosen Monologen ausgenutzt werden könnte, machte er innerlich dicht. Er hatte in der Vergangenheit die Erfahrung gemacht, diese Sorte Mensch wie ein Magnet förmlich anzuziehen. Er warf einen Blick aus dem Fenster, um zu sehen, wie weit er bis Rodenkirchen noch zu fahren hatte und hoffte, die Frau würde ihn nicht auch noch anquatschen, doch als hätte er es mit seinen Gedanken geradezu heraufbeschworen, vernahm er auch schon ihre Stimme.

„Haben Sie den Hund mit dem leuchtenden Halsband gesehen?", fragte sie ihn.

Tim versuchte eine höfliche Miene zu machen und schaute ihr über seine Zeitung hinweg kurz in die Augen. „Ja...Sachen gibt's...aber gut, so ein kleiner Hund wird ja leicht übersehen", stammelte er und wünschte sich insgeheim, sie würde es dabei belassen. Er hätte ergänzen können, dass zu Hause auch eine junge Hündin auf ihn wartete, für die seine Frau ein ähnliches Halsband besorgt hatte, aber er wollte ebenso wenig reden, wie ihr Interesse wecken. Doch die ältere Dame ließ ihn nicht in Ruhe und behauptete, dass es so viele Fahrradfahrer gäbe, die ganz ohne Licht fahren würden. Ein wenig irritiert von dieser Überleitung stimmte er ihr kurz angebunden zu und schaute schnell wieder in die Zeitung, um ihr damit zu signalisieren, dass er dieses Gespräch nicht weiter fortzusetzen gedachte.

Nur ein paar Sekunden später rutschte die Frau auf ihrem schmalen Platz hin und her, weil ihr das Sitzen Schmerzen bereitete. Vielleicht war es sein Respekt vor dem Alter oder auch nur seine gute Erziehung, nach einem Moment des Zögerns ließ Tim die Zeitung dann doch endlich sinken und erkundigte sich – trotz seiner momentanen Missstimmung – nach ihrem Befinden. Ihre Antwort fiel länger aus, als ihm lieb war und er erfuhr, dass sie unter einer Hüftdysplasie litt, 70 Jahre alt war, nicht rauchte, auf Alkohol verzichtete, kein Fleisch aß und dass sie noch immer freiberuflich arbeitete, unter anderem für einen lokalen Fernsehsender.

Ihr Alter überraschte ihn, ihre Selbstbeherrschung schien sich auszuzahlen. „Hut ab, ich hätte sie vielleicht auf Mitte 50, allerhöchstens 60 geschätzt, aber 70?", sagte er anerkennend und schüttelte dabei ungläubig den Kopf. Ihre Lebensweise hatte mit der seinen kaum etwas gemein. In der Regel war seine Ressource Disziplin mit der Bewältigung des Alltags fast restlos aufgebraucht. Die letzten Jahre hatte er sich gehen, oder besser gesagt „laufen" lassen. Sport, noch bis in seine Jugendzeit ein nicht wegzudenkender Lebensinhalt, war völlig aus seinem Freizeitprogramm gestrichen. Seine körperliche Ertüchtigung beschränkte sich lediglich auf kleine Wanderungen mit Anna und Momo, der bereits erwähnten Hündin. Die Ausgewogenheit seiner Ernährung ließ zu wünschen übrig. Er aß überwiegend Fertiggerichte, da war er nicht wählerisch. Und Raucher war er obendrein. Zwar trank er auch so gut wie keinen Tropfen Alkohol, dem Konsum von Cannabis hingegen war er dafür alles andere als abgeneigt.

Nun war es an ihr, auch sein Alter in Erfahrung zu bringen. „31? Das hätte ich wirklich nicht gedacht. Verstehen sie mich bitte nicht falsch, aber ich hätte sie älter geschätzt. Sie wirken so gefestigt für jemanden ihrer Altersklasse." Wie die Heizung den Schnee, so ließen ihre Worte sein unterkühltes Auftreten augenblicklich auftauen. Bevor er sich für dieses Kompliment bedanken konnte, das seine anfangs aufgesetzte Freundlichkeit gebannt und ihm ein ehrliches und etwas verlegenes Lächeln ins Gesicht gezaubert hatte, lenkte sie die Unterhaltung erneut auf ihn. „Und was machen sie beruflich, wenn ich mal fragen darf?" In ein paar knappen Sätzen berichtete er ihr von seiner Tätigkeit, woraufhin sie ihn plötzlich mit großen Augen kritisch anschaute und mit einem merkwürdig bestimmenden Unterton sagte: „Nein, das sind sie nicht! Sie sind ein Künstlertyp, vielleicht sogar Schauspieler."

Das Eis war nun endgültig gebrochen und Tim wurde richtig warm ums Herz. Er fühlte sich zutiefst geschmeichelt und war zugleich verdutzt. Nach dieser so kurzen Konversation hatte sie seinen inneren Zwiespalt erkannt und in ihm etwas gesehen, wovon er nur kühn zu träumen wagte. Mit dem Schauspieler lag sie gar nicht mal so falsch. Das kam schon einer schauspielerischen Leistung gleich – wenn auch auf eine beschämende Art und Weise – was er da tagtäglich seinen Kollegen vormachte, doch es war das Wort *Künstler*, welches ihm besonders wohlklingend ins Ohr ging. Inspiriert durch Anna hatte er jüngst in der Malerei ein willkommenes Hobby gefunden. Zwar konnte er damit die Monotonie seiner Bürotätigkeit nicht vollkommen ausgleichen, aber es war immerhin ein kleines, abwechslungsreiches Gegengewicht. Hier brauchte er sich weder zu verstellen, noch Vorgesetzten zu gehorchen, konnte seiner phantasievollen und kreativen Seite freien Lauf lassen und sich über handfeste Ergebnisse freuen. Schon des Öfteren hatte er sich ein Leben als Künstler ausgemalt, aber Bilder für gutes Geld zu verkaufen, geschweige denn seinen Lebensunterhalt damit zu verdienen, davon war er weit entfernt, waren seine Pinseleien doch allenfalls autodidaktische Gehversuche.

„Jetzt haben Sie mich aber neugierig gemacht, wie kommen sie darauf, dass ich ein Künstler sein könnte?", fragte Tim.

„Ach…mit zunehmendem Alter entwickelt man ein ganz gutes Gespür für die Menschen", antwortete sie, als würde sie ahnen, dass sie einen Volltreffer gelandet hatte. Tim erzählte ihr sodann von seinem neuen Hobby, und schnell stellte sich heraus, Kunst war ihre Leidenschaft. „Welche Stilrichtung bevorzugen Sie denn?", wollte Sie von ihm wissen.

Tim überlegte einen Moment, was er bisher gemalt hatte und worunter man dies einordnen würde. „Das kann ich gar nicht genau sagen, ich befinde mich ja noch ganz am Anfang. Derzeit experimentiere ich mit der menschlichen Silhouette herum. Das finde ich irgendwie spannend, weil sie keine bestimmte Person zeigt. Der Betrachter darf von ihr ein eigenes Bild im Kopf haben, man könnte auch sagen, er füllt sie individuell aus."

Sie wusste, was er meinte und ihr fiel dazu der TV-Werbespot eines Juweliers ein, der vor längerer Zeit ausgestrahlt wurde, in dem eine Frau eine goldene Halskette geschenkt bekam. Die Personen selber wurden aber nur durch Schattenumrisse angedeutet, wodurch das Eigentliche, der Schmuck, viel deutlicher hervortrat. Doch die nur vage Andeutung der Darsteller hatte noch einen weiteren Effekt, der zum Erfolg der Werbung entscheidend beigetragen hatte. Mit etwas Phantasie konnten sich die Zuschauer in die Schatten der Darsteller und die Szene hineinprojizieren und fühlten sich dadurch besonders angesprochen.

„Ja und genau diesen Effekt möchte ich nutzen", sagte Tim. „Das hört sich jetzt vielleicht abgedreht an, ich würde gerne Bilder malen, die den Betrachter in das Thema miteinbeziehen. Gedanklich lande ich da immer wieder beim Thema Glauben, ich kann ihnen aber im Moment nicht sagen, warum mich gerade das so reizt."

„Also ich finde, das alles hört sich nicht abgedreht an, sondern sehr interessant." Wahrscheinlich hatte Tim ihr mit dem Thema ein Stichwort gegeben, denn nun erzählte sie ihm, während die Bahn schon am Rheinufer entlang fuhr, dass sie Jüdin sei und ihr verstorbener Mann, der auch ein Hobbymaler gewesen war, sogar das Konzentrationslager überlebt hatte. Tim dagegen gehörte zwar keiner Konfession an, zählte sich aber schon zu denen, die an eine höhere Macht glauben. Oder versuchte er sich das immer nur einzureden? Er wusste es selbst nicht so genau. Er stammte aus einer sehr frommen Familie mütterlicherseits. Von der väterlichen und zugleich atheistischen Seite hatte er, abgesehen von den Genen, nur sehr wenig mitbekommen, denn seine Eltern hatten sich scheiden lassen, als er gerade mal vier Jahre alt gewesen war. Da seine Mutter Klara in ihrer eigenen Kindheit die negativen, teils traumatischen Auswirkungen einer ultrastrengen, disziplinarischen Erziehung am eigenen Leib buchstäblich zu spüren bekommen hatte, war sie darauf aus gewesen, bei der Erziehung ihrer Kinder zwar einiges anders zu machen, dabei jedoch nicht auf die zentralen christlichen Werte, wie Ehrlichkeit, Nächstenliebe oder Vergebung zu verzichten. Die Entscheidung für oder gegen eine Taufe, sollten Tim und seine ältere Schwester Nele aber später einmal aus eigenen Stücken fällen dürfen.

Am Heinrich-Lübke-Ufer, eine Station früher als Tim, musste die Frau aussteigen und bot ihm an, die anregende Unterhaltung bei einem Kaffee fortzusetzen. Sie schlug dafür die *Alte Liebe* vor,

ein in unmittelbarer Nähe zu der Haltestelle am Ortseingang von Rodenkirchen gelegenes und zum Restaurant umfunktioniertes Hausboot. Es wäre überhaupt kein Problem gewesen, etwas später heimzukommen, aber Tim gab vor, leider keine Zeit zu haben. So sehr er das Gespräch mit ihr auch genossen hatte, er wollte nach Hause. Als er ihr beim Aufstehen helfen wollte, lehnte sie dankend ab und griff nach ihrer Tasche und den Krücken. Er wünschte ihr noch gute Besserung und fügte hinzu: „Vielleicht sieht man sich ja bald mal wieder in der Bahn." Als er diese Worte aussprach, fiel ihm auf, dass sie sich gegenseitig noch gar nicht vorgestellt hatten. „Ach übrigens, ich bin der Tim." Sie lächelte ihn an und erwiderte: „Und ich heiße Renata."
Sein Spruch zum Abschied war keine Floskel, zu diesem Zeitpunkt ging er wirklich fest davon aus, sie würden sich nochmal in der Bahn treffen oder in Rodenkirchen über den Weg laufen. Um es aber vorweg zu nehmen, mit dieser Annahme lag er falsch, was ihn seine Entscheidung gegen den gemeinsamen Kaffee und die damit verpasste Chance, diese interessante Bekanntschaft weiter zu vertiefen, noch bereuen lassen sollte. Aber wer weiß, vielleicht wäre dann auch alles ganz anders gekommen.
Tim blieb mit gemischten Gefühlen in der Bahn zurück. Er freute und wunderte sich über diese unverhofft schöne Begegnung. Besonders die Einschätzung seiner Person von dieser lebenserfahrenen, gebildeten Frau, die Renata zweifelsohne verkörperte, hatte ihm ausgesprochen gut getan. Darüber hinaus verspürte er eine große Motivation, seine künstlerische Seite weiter auszuleben. Doch auch sein Gewissen meldete sich, denn er schämte sich für die Ausrede und sein anfangs verschlossenes und abweisendes Auftreten, welches Renata glücklicherweise nicht abgeschreckt hatte. Selbstkritisch gestand er sich ein, dass er sich von ihrer aufgeschlossenen Art eine dicke Scheibe abschneiden konnte und sollte. Hätte sie nicht so hartnäckig das Gespräch mit ihm gesucht, würde er wahrscheinlich immer noch Trübsal blasen.
Abgelenkt von diesen Gedanken entging ihm beinahe, dass die Straßenbahn die Haltestelle Rodenkirchen erreicht hatte. Er stopfte die Zeitung hastig in seinen Rucksack und stieg aus. Bis

nach Hause hatte er es nicht mehr weit. Auf den restlichen Metern Fußweg entlang der Ringstraße zündete er sich eine Zigarette an und ließ das Erlebte noch einmal Revue passieren, seine üble Laune zu Beginn der Fahrt, die Begegnung mit Renata, wie banal das Gespräch angefangen hatte und wie es sich dann...weiter kam er nicht. Sein Gedankengang brach abrupt ab, und er blieb automatisch stehen.

Nur schwerlich lässt sich in Worte fassen, was in den folgenden Sekunden mit ihm geschah. Der Bürgersteig, die Straße, der Verkehr, die Häuser, alles was er soeben noch gesehen, gehört, gerochen oder gespürt hatte, entzog sich von jetzt auf gleich seiner Wahrnehmung. Sein Sinnesvermögen beschränkte sich nunmehr ausschließlich auf das, was sich vor seinem geistigen Auge zusammensetzte. Und so klar er es sehen konnte, als würde er es mit bloßem Auge betrachten, so deutlich verstand er, wie er es zu deuten hatte.

Er sah ein Labyrinth, ähnlich einem Kinderrätsel zweidimensional aus der Vogelperspektive, welches aber zugangs- und auswegslos, völlig in sich geschlossen war. Statt einer geometrischen Grundfläche hatte es die Form eines Menschen, der ihm gegenüberstand. Es fühlte sich so an, als hielte man ihm gerade einen eigenartigen Spiegel vor, der anstelle seines körperlichen Äußeren ein Bild seines derzeitigen geistigen Zustands zeigte. Diese Symbiose aus Labyrinth und Mensch war eine stark vereinfachte Darstellung der vielen Irrungen und Wirrungen in seiner Innenwelt, in der er sich mehr und mehr verloren hatte.

Plötzlich, wie von Geisterhand gezogen, nahm im Kopf der Figur, in einer der Sackgassen des Labyrinths, ein Strich seinen Anfang und wurde länger und länger. Unaufhaltsam schlängelte er sich an den Abgrenzungen vorbei. Tim wusste, der Strich war ein Symbol für seinen Lebensweg, und die Strichführung sollte sein Wegweiser sein. Dieser navigierte sein inneres Auge zielsicher durch das Labyrinth und führte es zu einer ganz bestimmten Stelle, dem Sitz eines weiteren Bedeutungsträgers, dessen Symbolik wohl keiner Erklärung bedarf. Es war der Ort, an dem sich das menschliche Herz befindet. Hier fand der Strich seinen Endpunkt und setzte, wie auf Knopfdruck, eine tiefe, explosive

Emotion vollkommener Glückseligkeit in ihm frei. Er fühlte sich überschüttet und durchströmt mit Liebe, als hätte man seine Seele in ihre Quelle getaucht. Dann löste sich das Labyrinth auf, und mit ihm verschwand auch die Gestalt.

Wieder Herr seiner Sinne, aber noch völlig ergriffen und überwältigt von diesem höchst sonderbaren Geschehen, kniff er die Augen kurz zusammen und hielt danach eine ganze Weile inne. So etwas oder auch nur annähernd Vergleichbares hatte er noch nie zuvor erlebt. Er spürte den Drang, dem erstbesten Menschen, der ihm über den Weg lief davon zu erzählen, als hätte er soeben einen Außerirdischen gesichtet. Nein, er würde jetzt schnell nach Hause gehen und Anna davon berichten, ihr alles haarklein schildern, er konnte es kaum erwarten.

Anna für sich gewonnen zu haben, war für Tim mit Abstand das Beste, was er in seinem Leben zustande gebracht hatte. Erst vor einem guten Jahr wurden sie beide an Bord eines Schiffes auf dem Rhein getraut, lebten aber bereits seit acht Jahren glücklich zusammen. Sie bildeten ein auffallend harmonisches, in vielerlei Hinsicht gleichgesinntes Paar. Ab und zu hatte es im Laufe ihrer Beziehung nur kleinere Meinungsverschiedenheiten gegeben, die niemals in Streit ausgeartet waren. Er konnte sich wirklich glücklich schätzen. Anna war eine Frau, wie sie sich ein Mann nur wünschen kann: großherzig, optimistisch, aufgeweckt, stark und eine Naturschönheit dazu.

Vorbei am kleinen Vorgarten, der aufgrund seines Wildwuchses schon einige verurteilende Blicke der spießbürgerlichen Anwohnerschaft auf sich gezogen hatte, stieg er die Stufen am Eingang hinauf und schloss die Haustür auf. Die junge Hündin Momo, eine Labrador-Dalmatiner-Mischung, kam schwanzwedelnd auf ihn zugestürmt, und er ging in die Hocke, um sie herzlich zu kraulen. Bis auf einen hellen Fleck zwischen den Vorderläufen, glänzte ihr weiches Fell wie schwarzer Samt. Im schmalen Eingangsbereich legte Tim seine Sachen ab und betrat den Wohnraum.

Die Doppelhaushälfte war nicht wirklich geräumig, zudem ungünstig geschnitten. Ein enges Wohnzimmer, dafür eine großzügigere Küche und ein Gäste-WC, so winzig und unkomfortabel wie ein Baustellen-Klo, befanden sich im Erdgeschoss. Eine Holztreppe führte hinauf in die obere Etage, auf der es noch ein Bade- und ein Schlafzimmer gab. Der offene Übergang zwischen Wohnzimmer und Küche, in dem seitlich seine Staffelei einen unwürdigen Platz gefunden hatte, diente als Atelier. Obwohl Anna und Tim schon einige Jahre hier wohnten, beschränkte sich ihre Einrichtung auf das Nötigste, wirkte wild zusammengewürfelt und etwas karg. Auch eine weihnachtliche Dekoration, die auf die bevorstehenden Festtage einstimmen könnte, suchte man in diesen vier Wänden vergeblich, lediglich ein Adventskalender vom 1. FC Köln hing neben dem Kühlschrank.

Anna wartete schon in der Küche mit dem Essen auf ihn. Ihre langen, dunkelbraunen Haare hatte sie mit einem Bleistift provisorisch hochgesteckt und sich einen dicken Wollpullover von Tim übergezogen, der ihr zwei Nummern zu groß war. Mit ihren ausdrucksstarken, grünbraunen Augen schaute sie ihn an und begrüßte ihn mit einer innigen Umarmung und einem Kuss. Sie war angenehm überrascht, ihren Mann zur Abwechslung freudig strahlend und energiegeladen zu sehen. Zu oft war ihm seine Unzufriedenheit nach der Arbeit anzumerken, auch wenn er stets versuchte, sie vor ihr zu verbergen. Sie spürte, dass er von diesem Tag etwas Schönes zu berichten hatte und wurde neugierig. Tim ließ sich natürlich nicht lange bitten, und während sie sich über das Essen hermachten, erzählte er ihr, was sich auf seinem Heimweg zugetragen hatte, auch von Renata. Ohne seine Ausführungen, bei denen er immer wieder nach geeigneten Worten suchte, zu unterbrechen, hörte sie ihm gebannt zu, doch ihre anschließende Reaktion auf das Geschilderte fiel recht nüchtern aus, ganz anders als Tim es im Vorfeld erwartet hatte. Irgendwie war er irritiert, sogar ein bisschen von ihr enttäuscht. Auf dieses heftige Erlebnis da eben auf der Straße war sie so gut wie gar nicht eingegangen. Was ging in ihr vor? Schließlich erlebte man dergleichen nun wirklich nicht alle Tage. Es stand außer Frage, dass sie sich für ihn freute, aber etwas schien sie zu stören.

„Ich habe schon immer gesagt, dass in dir ein Künstler steckt", sagte sie ein wenig gekränkt und dachte dabei zurück an die anstrengende, mentale Aufbauarbeit, die sie in der Vergangenheit an ihm schon geleistet hatte. Seine künstlerische Ader war ihr schon vor langer Zeit aufgefallen, und sie verstand nicht, wieso ihm nun ausgerechnet diese Fremde einen derart starken Auftrieb gegeben hatte. Tim hatte darauf auch keine Antwort, konnte aber jetzt verstehen, dass ihr dies aufstieß.

Das war aber nicht die einzige Frage, die in seinem Kopf umherschwirrte. Warum hat mich Renata, eine Wildfremde, für einen Künstler gehalten? Woran hat sie das bloß festgemacht? Nur an meinem Aussehen und meiner Kleidung? Sollte ich vielleicht alles daran setzen, ein professioneller Künstler zu werden? Außerdem wollte er in Erfahrung bringen, welcher Stilrichtung dieses Bild angehört, das er da vor seinem geistigen Auge gesehen hatte. Er wusste nur, dass es auf einer symbolischen, sinnbildlichen Bedeutungsebene zu verstehen ist, aber bei dem Wort *Sinnbild* handelt es sich doch eher um einen abstrakten Oberbegriff, als um eine Stilrichtung der Malerei, und er fragte sich, ob es vielleicht zum Symbolismus zählen könnte. Zudem wirkte noch immer dieses alles sprengende Gefühl von Glück und Liebe, ja, geliebt zu werden, in ihm nach, und er stellte sich erstmals die Frage, wie man Liebe eigentlich definiert und warum man sie ausgerechnet mit dem Herzen verbindet?

Anstatt wie üblich zuerst seine Kleidung für den nächsten Tag rauszulegen und zu bügeln, holte er erstmal aus dem Küchenschrank ein Einmachglas hervor, in dem er einen üppigen Vorrat an Marihuana aufbewahrte sowie eine Handvoll schon fertig gedrehter Tüten. Er zündete eine an, setzte sich wieder an den Tisch und schaltete den Laptop ein. Lange überlegte er nicht, wo er ansetzen konnte, aufs Geratewohl gab er *Definition Liebe* in die Suchmaschine ein. Er hatte hierzu gerade ein paar Zeilen gelesen, als das THC langsam seine Wirkung entfaltete und ihm eine Abbildung neben dem Text ins leicht gerötete Auge sprang. Es war das Relief eines alten, christlichen Sinnbildes der aufopfernden Liebe Jesu Christi auf einem Friedhof in Montreal. Es zeigte einen Pelikan, der sich mit dem Schnabel die Brust aufschnitt, um seine Jungen mit seinem Blut zu nähren. Schon wieder ein Sinnbild, dachte er und klickte auf den verlinkten

Begriff. Auf dem Bildschirm wurden daraufhin die unterschiedlichen Ausdrucksformen angezeigt, die unter den Begriff *Sinnbild* fallen. Wie gefesselt ging er sie einzeln durch, und schon nach kurzer Zeit war er sich sicher, dass er die richtige Schublade für das ihm erschienene Bild gefunden hatte: Eine weitergeführte oder ausgedehnte Metapher, die sowohl im bildlichen als auch im verbalen Ausdruck Anwendung findet – es war eine Allegorie.

Kapitel Zwei

Rückblickend, von einem psychologischen Standpunkt aus betrachtet, gab es sicherlich ein paar Dinge, die dafür sprachen, dass es sich bei diesem sonderbaren Vorfall im Anschluss an die Begegnung mit Renata um eine Halluzination gehandelt haben könnte. Sein jahrelanger psychischer Konflikt sowie der regel- und übermäßige Konsum von Marihuana kamen als Ursache durchaus in Frage, eine Sinnestäuschung ausgelöst zu haben, die den Wunsch und seine tiefe Sehnsucht nach einer ganzheitlichen Erfüllung wiederspiegelte, beruflich wie privat – möglicherweise auch verbunden mit einem künstlerischen Einfall.

Tim war aber nicht der Auffassung, dass sein Geist ihm an jenem Tag einen Streich gespielt hatte oder seinem Unterbewusstsein die alleinige Urheberschaft dieser Allegorie zuzuschreiben war. Vielmehr hatte das Gesehene und Gefühlte in ihm nachhaltig den unumstößlichen Eindruck hinterlassen, dass hier etwas Höheres seine Finger im Spiel gehabt haben musste. Zum einen war da dieses unfassbar intensive Gefühl von Glückseligkeit gewesen, welches er sich nur mit einem überirdischen Ursprung erklären konnte, zum anderen hatte er an diesem Tage noch gar kein Gras geraucht. Und selbst wenn dem so gewesen wäre, bisher hatte es in all den Jahren niemals auch nur ansatzweise Halluzinationen in ihm hervorgerufen.

Außerdem kam die bildliche Darstellung seines Wunsches auch der Erfüllung desselben gleich. Genau so mussten seine Bilder aussehen. Mit dieser Ausdrucksform der Allegorie hatte er endlich etwas gefunden, für das er sich dauerhaft begeistern konnte, davon war er fest überzeugt. Und in Zeiten nicht abebbender Bilderfluten, in denen man ja glaubt, schon alles gesehen zu haben, war er sich sicher, es würde ihm Zugang zu einer Vielzahl einzigartiger Kunstwerke verschaffen. Kurzum, für ihn war es keine Halluzination gewesen, sondern eine Vision – ein Zeichen, das im Umkehrschluss die Existenz eines Zeigenden voraussetzt.

Diese Empfindungen, Überzeugungen und die neu gewonnene

Perspektive, die sich für ihn im Nachgang dieses Erlebnisses auftat, all dies in Summe setzte – als wenn ein bereits vorhandener Schalter in ihm umgelegt worden war – einen komplexen Denkprozess in Gang, und eine ungewöhnliche Entwicklung nahm ihren Lauf.

Anfangs noch schien in Tims Kopf ein heilloses Durcheinander zu herrschen. Eine regelrechte Gedankenflutwelle war über ihn hereingebrochen, wie er es noch nie zuvor erlebt hatte. Ideen, Einfälle, Erinnerungen sowie Überlegungen und Fragen aus den unterschiedlichsten Bereichen, die dennoch über die Kunst miteinander verbunden waren, überschlugen sich geradezu, sodass er sich kaum auf etwas anderes konzentrieren oder abschalten konnte. Ständig musste er sich bei den einfachsten Dingen, wie dem Abschließen der Haustür oder dem Stellen des Weckers, noch einmal vergewissern, ob er es in seiner Versunkenheit auch wirklich erledigt hatte. Schier unaufhörlich bildeten sich neue Gedankenstränge, die er aber oftmals nicht abschließend verarbeiten konnte, sondern nur noch mehr Fragen aufwarfen. Es war kein Ende in Sicht, und in manchen Momenten fragte er sich gar, ob er gerade auf dem besten Wege war, den Verstand zu verlieren. Hinzu kam, dass er nun das große Bedürfnis verspürte, sich einem anderen mitzuteilen. Zwar hatte er neben Anna auch in seiner Mutter und seiner Schwester zwei weitere Gesprächspartnerinnen in seinem engsten Kreis, mit denen man wahrhaftig über Gott und die Welt reden konnte, doch er war schlichtweg überfordert, diese geistige und emotionale Masse jemandem verständlich und geordnet zu vermitteln. Es war einfach zu viel, was in ihm vorging und viel zu anstrengend, das alles nachvollziehbar auszuformulieren. Dieser Umstand zwang ihn förmlich zu einem Mittel zu greifen, von dem er sonst nur selten freiwillig Gebrauch machte – dem Schreiben. Er war kein Mann vieler Worte, aber angesichts dieser chaotischen Anhäufung kostbarer Gedanken, sah er darin die einzige Möglichkeit, sie zu ordnen und vor der Gefahr des Vergessens zu behüten.

Es brauchte ein paar Tage und eine Menge geduldiges Papier,

bis sich sein Zustand allmählich normalisierte. Anna und er hatten Heiligabend und den 1. Weihnachtstag bei ihren Familien verbracht, und vor ihnen lagen nun ein paar gemeinsame Urlaubstage. All den Gedanken und Worten sollten nun endlich Taten folgen. Aber an seiner Staffelei zur kreativen Hochform aufzulaufen, mit dem rechten Fuß in der Küche, dem linken im Wohnzimmer, das war ihm unmöglich.

Annas Vorschlag, auf dem Dachboden ein Atelier einzurichten, war die Lösung. Dieser wurde einmal als Musik-, Raucher- und Gästezimmer genutzt, war über die Jahre aber nach und nach zur Abstellkammer für Gerümpel verkommen. Der kleine Raum hatte etwas von einem Zelt, nur die Wand zur Haushälfte der Nachbarn verlief gerade, auf den anderen Seiten befanden sich die Dachschrägen, und das Gebälk erinnerte an Zeltstangen. Durch zwei sich gegenüberliegende Dachfenster kam genügend Tageslicht hinein, das er für das Malen benötigte. Nachdem er fleißig ausgemistet, umgeräumt und alles sortiert hatte, machte er es sich mit Anna in dem Atelier gemütlich, und beide betrachteten zufrieden das Resultat. Der Raum war kaum mehr wiederzuerkennen. Nur seine zahlreichen Schallplatten samt Anlage, die aufgrund des Platzmangels auf den unteren beiden Etagen hier untergebracht waren, mussten auch weiterhin oben bleiben. In den Bodenregalen unter den Dachschrägen befanden sich nun die Malutensilien, einige Bücher und Aktenordner, in denen er seine ganzen Notizen und gesammelten Ausdrucke aufbewahrte. Die Staffelei stand in der Mitte, diverse bespannte Keilrahmen und Malblöcke, nach Größe sortiert, hatte er neben dem Treppengeländer gestapelt. Unter dem Fenster mit Blick in den Garten stand jetzt ein kleiner Werktisch, an dem sie Platz genommen hatten und mit musikalischer Untermalung den Abend ausklingen ließen.

Auch Anna kiffte ab und zu gerne mal, sie war von dem Zeug aber nicht annähernd so psychisch abhängig wie Tim. Bereits als Teenie war er damit auf einer Party in Berührung gekommen und von da an dem Alkohol weniger zugetan. Das Frönen dieses illegalen Lasters hatte ihm im Laufe der Zeit auch schon ein paar Mal Ärger mit den Ordnungshütern eingebracht und vor allem mit seiner Mutter, was ihn aber nicht davon abzuhalten vermochte. Auch hinsichtlich der Wirkungsweise gab es zwischen Anna und ihm extreme Unterschiede. Klopfte bei ihr nach kurzer Zeit für gewöhnlich das Sandmännchen an die Tür, wie auch an diesem Abend, so schien er dagegen mit einer qualmenden Tüte im Mundwinkel erst richtig aufzublühen.

Als Anna sich zurückzog, um sich dem Schlaf der Gerechten hinzugeben, blieb er noch im Atelier zurück. Er freute sich schon auf den nächsten Tag, wenn er, erholt von den Strapazen dieses Tages, in dieser nun angemessenen Umgebung endlich malen konnte. Zuallererst wollte er das Bild, welches er in seiner Vision gesehen hatte, auf die Leinwand bringen. Als letzten Arbeitsschritt für den Abend fixierte er einen großen bespannten Keilrahmen auf der Staffelei und trug mit einem Schwamm eine Schicht weißer Acrylfarbe gleichmäßig auf, die über Nacht trocknen und für die spätere Ölmalerei eine Grundierung bilden sollte.

Hinterher im Bett dachte er noch über die weitere Vorgehensweise nach und die einzelnen Gesichtspunkte, die gerade dieses Bild so wertvoll für ihn machten, schossen ihm durch den Kopf. Es sollte seine *Nummer Eins* werden, denn es setzte inhaltlich einen Schlussstrich unter das Vergangene und bot zudem einen optimalen Einstieg in diese spezielle Ausdrucksform. Es zeigte, dass man mit ihr einen abstrakten Sachverhalt stark vereinfachen und dadurch sowohl anschaulicher als auch verständlicher gestalten konnte. Überdies hatte er mit dem besagten Bild ein exzellentes Beispielthema, welches auf nahezu jeden Menschen übertragbar war. Zwar war die enthaltene Botschaft alles andere als neu, trotzdem bestach sie durch zeitlose Gewichtigkeit und allgemeine Gültigkeit. Wer spürt denn nicht immer mal wieder diesen Appell, seinem Herzen zu folgen und nicht nur den Verstand oder reine Vernunft in seinem Leben walten zu lassen? Irgendwie führte die Suche nach dem eigenen Ich doch unweigerlich über das Herz. Diese Symbiose aus Labyrinth und Menschengestalt hätte neben ihm zweifelsohne jeder x-beliebigen Person zugeordnet werden können. Das Bild meisterte also auch den für Tim wichtigen Spagat, nicht nur einen Menschen, sondern den Menschen im Allgemeinen anzusprechen. Ferner faszinierte ihn, wie man mit einer Allegorie auch ein solches, durch unzählige Filme, Lieder oder Geschichten strapaziertes Thema, in ein neues Gewand hüllen und zugleich einem hohen Kitschfaktor entgegenwirken konnte, der diesem Thema anhaftet. Ihm war klar, dass sich über Geschmack, also auch Kitsch nicht streiten lässt, in seinen Augen bestand aber schon ein himmelhoher Unterschied zu all den roten Herzchen und pummeligen, rosa-wangigen Babyengeln mit Goldlöckchen. Daraus leitete er für sich ab, dass man mithilfe einer Allegorie, ob bildlich oder verbal, auch Dinge geschickt ansprechen konnte, die keiner mehr direkt hören kann oder will. Da aber ein Bild bekanntlich mehr aussagt als tausend Worte, zudem deutlich einprägsamer ist als ein Text und keine Sprachbarrieren im Wege stehen, sah er die bildliche, verglichen mit der verbalen Form, klar im Vorteil.

Und noch eine Sache begeisterte ihn ganz besonders, ein Aspekt, der ihn in dem Glauben bestärkte, es auf diesem Gebiet wirklich zu etwas bringen zu können, denn dieses Bild hatte ihm auf eine schier unnachahmliche Weise bewiesen, wie schlicht und ergreifend, mit ein paar Strichen – dass es schon an naive Malerei grenzte – solch ein komplexes Thema vereinfacht auf den Punkt gebracht werden kann. Demzufolge bedarf es für die Kreation einer gelungenen bildlichen Allegorie nicht zwingend eines Meistermalers, folgerte er. Ein gewisses Talent war ihm sicherlich gegeben, doch – da machte er sich keine Illusionen – begabtere Pinselschwinger gab es zu Hauf. Eigentlich, überlegte er, kommt es bei dieser Disziplin ebenso wenig auf die malerischen Fähigkeiten im herkömmlichen Sinne an wie auf die Erzeugung eines dekorativen Augenschmauses; im Mittelpunkt steht einzig und allein die Aussage. Und die große Herausforderung oder die eigentliche Kunst besteht darin, direkt Gezeigtes und indirekt Gemeintes gekonnt in Einklang zu bringen. Ist das Bild noch so schön anzusehen, dieses grundlegende Kriterium allerdings nicht erfüllt, dachte er sich, wäre das nicht in etwa vergleichbar mit einem Vortrag, in dem der Redner hochtrabend

formulierten Unsinn verzapft?
In den folgenden freien Tagen – wie sollte es anders sein – verbrachte Tim sehr viele Stunden auf dem Dachboden. Wenn er sich nicht gerade an die Staffelei stellte, dabei rauchte und Musik hörte, dann saugte er wie ein ausgetrockneter Schwamm wissensdurstig auf, was er rund um das Thema Allegorie im Internet, in Büchern und anderen Quellen finden konnte. Ihm war klar, dass sein Verhalten Züge von Besessenheit aufwies, aber er hatte das Gefühl, möglichst viel verlorene Zeit wieder einholen zu müssen, die er während seiner Suche nach beruflicher Erfüllung verschwendet hatte.
Seine Abwesenheit – körperlich wie geistig – führte bei Anna nicht gerade zu Begeisterungsstürmen. Sie hatte sich die gemeinsame Freizeit wahrlich anders vorgestellt, zudem blieb vieles im Haushalt an ihr hängen. Doch die Freude darüber, dass Tim nun eine Beschäftigung gefunden hatte, die ihn wirklich faszinierte, gewann den Kampf gegen den gelegentlich aufkommenden Frust, denn auch sie wünschte sich eigentlich sehnlichst sein Glück.
Tim war davon ausgegangen, das Kunstwerk noch vor dem Jahreswechsel fertigstellen zu können, aber alleine die Vorzeichnung war zeitaufwändiger, als er es im Vorfeld vermutet hatte. Immer wieder sprang ihm eine Stelle ins Auge, die es akribisch zu verbessern galt, um seinen Ansprüchen gerecht zu werden. Trotzdem empfand er es als eine Wohltat, nach all den vagen Ideen und Experimenten in der Vergangenheit, nun ein konkretes Ziel vor Augen zu haben, sodass andere Bedürfnisse, wie Essen, Trinken oder Schlafen manchmal in Vergessenheit gerieten.
Die Urlaubstage vergingen im Nu, und ehe er sich's versah, flogen ihm auch schon die Silvesterraketen und Sektkorken um die Ohren, die das neue Jahr einläuteten. So abwechslungsreich es auch war, gemeinsam mit Anna und ein paar engen Freunden zu feiern, wäre es nur nach ihm gegangen, dann hätte er das Atelier wohl auch an diesem besonderen Abend nicht verlassen. Dort spielte seine Musik, denn jeder noch so kleine Strich, den er auf der Leinwand zog, der ihn näher zum Endergebnis und damit

auch ihn gefühlt einen Zug weiter nach vorne brachte, war für ihn aufregender, als der Blick von der Rodenkirchener Brücke auf das fulminante Feuerwerk über dem Rhein und den Dächern Kölns.

Nach einer entsprechend kurzen Nachtruhe gelang es ihm, die Vorzeichnung am Neujahrsfeiertag endlich fertigzustellen. Er schob die Staffelei mit der großen Leinwand in eine Ecke, um das Zwischenergebnis in dem kleinen Raum mit etwas Abstand betrachten zu können. Das gewissenhafte Vorarbeiten hatte sich gelohnt. Es war keine originalgetreue Abbildung dessen geworden, was er in seiner Vision gesehen hatte, dennoch machte das Bild in diesem Anfangsstadium schon einiges her. Es zeigte eine aufrecht stehende Gestalt in Frontalansicht. Ihren Umriss hatte er ganz bewusst so vorgezeichnet, dass nicht auszumachen war, um welches Geschlecht es sich hierbei handelte, denn die Figur sollte ja für den Menschen im Allgemeinen stehen. Das Labyrinth erstreckte sich über die gesamte Körperfläche. Die Vorzeichnung des wegweisenden Striches aber, der durch das Labyrinth führte, hatte er absichtlich ausgelassen. Der Betrachter sollte in dem Bild eine Art Rätsel sehen, das es zu durchschauen galt. Da es in diesem Irrgang aber keinen Ein- oder Ausgang gab, wusste er nur noch nicht so recht, wie er am besten andeuten konnte, dass sich der Start im Kopf und das Ziel im Herzen befand. Eine einfache Start- und Zielmarkierung hätte es sicherlich auch getan, aber er wollte etwas Besonderes und beschloss, dies in den folgenden Tagen noch einmal zu überdenken.

Es fiel ihm schwer, sein künstlerisches Schaffen und Grübeln in dieser Phase zu unterbrechen. Allein schon der Gedanke daran, ab morgen wieder stundenlang im Büro zu hocken, ließ seine Stimmung sinken, doch zu seiner Überraschung sollte sich die Arbeitswoche in dem ungeliebten Umfeld angenehmer gestalten als jemals zuvor. Ja, da saß er wieder im Büro, verrichtete eine für ihn anspruchslose und bedeutungsarme Arbeit, die ihn zudem der produktivsten Zeit des Tages beraubte, aber der kaufmännische Angestellte in ihm spielte gefühlt und gedanklich nur noch auf einem Nebenschauplatz.

Dieser Sinneswandel zog zudem eine Veränderung seiner Arbeitsweise und seines Verhaltens gegenüber der restlichen Belegschaft nach sich. Schon immer hatte er über ein gesundes Selbstbewusstsein verfügt, das auch die berufliche Unzufriedenheit in seinen Grundfesten nicht merklich erschüttern konnte, doch nun wirkte sein Ego noch eine Schippe sicherer und souveräner, mit einem leichten Hang zum Übermut. Den dortigen Gegebenheiten stand er viel gelassener gegenüber, fast gleichgültig, als befände er sich kurz vorm Absprung in ein neues Berufsfeld und das, obwohl er noch kein einziges Bild verkauft hatte.

Um jedweden Ärger auszuweichen, der über das alltägliche Maß hinausging, hatte er sich auf der Arbeit in der Vergangenheit stets zurückgehalten, wenn ihm etwas – wie so oft – missfiel und sich nur auf eine sorgfältige und zügige Erledigung seiner Aufgaben konzentriert. Anders als viele seiner Kollegen, die während der Arbeitszeit ausgiebig private Telefonate führten, heimlich am Rechner spielten und über den Internetzugang der Firma diverse Einkäufe tätigten oder Urlaubsangebote checkten, hatte er immer davon abgesehen persönlichen Dingen nachzugehen, sogar das Rauchen verkniff er sich bis zum Feierabend. Im Büro war zumeist der Weg des geringsten Widerstands seine Wahl gewesen, er wollte möglichst unter dem Radar bleiben, keine Angriffsfläche bieten und um jeden Preis vermeiden, dass man ihn auf den Prüfstand stellte, wodurch seine Maskerade auffliegen könnte.

Jetzt war es für ihn nicht mehr so wichtig, was die Kollegen oder Vorgesetzten von ihm hielten, und er ging die Arbeit deutlich gemächlicher an. In Gedanken häufig bei der Kunst, nutzte er jede Gelegenheit, die sich ihm hier bot, um sich diesem Gebiet zuzuwenden, indem auch er nun online Antworten auf seine vielen Fragen suchte, Ideen sammelte, im Kopf malte und sich heimlich allerlei Lernmaterial für zu Hause ausdruckte, das er für sein künstlerisches Schaffen für brauchbar befand. Neuerdings kam es auch vor, dass er hier und da seinem Unmut Luft machte, ganz egal, wer da gerade vor ihm stand – eben wie jemand, der nebenher Besseres am Laufen hatte und sich um etwaige

Konsequenzen wenig scherte.

Seine Begeisterung für die Allegorie war nicht nur von kurzer Dauer, wie sonst bei so vielen Dingen zuvor. Und wie man es kennt, wenn man sich auf einmal für etwas interessiert oder Neues ins Leben getreten ist, für das man in seiner Wahrnehmung bislang nicht empfänglich war, wurde er nun hellhörig, sobald irgendwo von einer Allegorie, einem Sinnbild oder Ähnlichem die Rede war. Seine ständige Suche nach Inspiration für zukünftige Werke erfolgte bilateral. Reizte ihn auf der einen Seite ein Thema, dachte er darüber nach, wie man es in einem Bild indirekt ausdrücken könnte, gefielen ihm auf der anderen Seite Metaphern, Symbole oder auch nur irgendwelche Gesten, denen ein starker Symbolgehalt innewohnt, überlegte er, für welche Themen er diese nutzen konnte. Im Zuge dessen bekam er Übung darin, zwischen dem eigentlichen und dem übertragenen Sinn hin und her zu schalten und entwickelte nach und nach eine Antenne für Analogien.

Allzu gerne hätte er sich für einen Workshop oder Ähnlichem angemeldet, um mit Gleichgesinnten in Kontakt zu treten, von denen er lernen und mit denen er sich austauschen konnte, doch Kurse mit dem Schwerpunkt Allegorie wurden nicht angeboten, und ein komplettes Kunststudium in Angriff zu nehmen, in dem diese Ausdrucksform vielleicht gerade mal angeschnitten wurde, kam für ihn alleine schon aus finanziellen Gründen nicht in Frage. Folglich blieb ihm nichts anderes übrig, als sich eigenständig weiterzubilden, und was über kurz in groben Recherchen seinen Anfang gefunden hatte, weitete sich über lang zu einem kleinen Selbststudium aus, bei dem ihm seine breit gefächerten Interessen und Begabungen zu Gute kamen. Wie verzweigt und scheinbar systemlos dies verlaufen sollte, deutete sich bereits an, als er über die Fertigstellung seines Bildes, seiner *Nummer Eins*, nachdachte.

Es war noch gar nicht so lange her, da hatte er in der Straßenbahn einen lehrreichen Zeitungsartikel über das Sechseck oder Hexagon gelesen. Darin waren diverse Beispiele aufgeführt gewesen, in der diese geometrische Figur im Universum überall zu finden ist. Nun war er beim Stöbern durch die Kunstgeschichte – in dem Werk mit dem Titel *Paradiesgärtlein* – erneut über dieses Polygon gestolpert. In der Entstehungszeit dieses Gemäldes war die Geometrie noch enger mit den Religionen verbunden gewesen. Das Sechseck spielt für die Interpretation des Bildes eine entscheidende Rolle, da es im Juden- und Christentum symbolisch sowohl für die Allmacht Gottes als auch für das Gleichgewicht und die Harmonie des Göttlichen mit dem Weltlichen steht. Kurz überlegte er, ob er dieses Symbol auch für sein Bild verwenden und vielleicht an die Stelle des Herzens im Labyrinth setzen sollte, verwarf diesen Gedanken aber schnell wieder.

Über das Sechseck machte er einen kurzen Abstecher in die Biologie, genauer gesagt zum Volk der Bienen. Aus einer Dokumentation hatte er in Erinnerung behalten, dass Bienenwaben eigentlich kreisförmig angelegt werden und ihre prägnante, hexagonale Struktur erst durch Erwärmung des Bienenwachses und dem Druck der anliegenden Zellen zustande kommt.

Vom Sechseck über den Kreis gelangte er gedanklich bei einem alten weltbekannten Ornament, das mitunter diese beiden Figuren in sich vereint und gleichwohl zu den geheimnisvollsten Symbolen überhaupt zu zählen ist – die Blume des Lebens oder auch Lebensblume genannt. Ihn faszinierte dieses Symbol, das Gefühl jedoch, das Herzstück für sein Bild gefunden zu haben, wollte sich auch hier nicht einstellen.

Sodann beschloss er, sich erst einmal der Markierung der Anfangsposition im Irrgang zuzuwenden, die sich, wie erwähnt, im Kopf der Gestalt befand. Anfangsposition? Er überlegte. Sagte man nicht Ausgangsposition? Irrgang, Ausgang, auf einmal kam ihm auch das Wort *Gedankengang* in den Sinn, woraufhin es in seinem Kopf Klick machte. Hierzu war ihm soeben ein zeitloses Symbol eingefallen, das nahezu jedes Kind kennt, welches weit in die Geschichte zurückreicht, sogar bis zum Anfang aller Zeichen und Symbole, und bereits Bestandteil der Höhlen- und Felsmalereien unserer frühen Vorfahren gewesen war. Diese Figur passte in seiner Vorstellung optimal ins Bild und sollte auf den Ausgangspunkt gesetzt werden. Im Auge des Betrachters musste sie, um zum Herzen zu gelangen, den Weg durch das Labyrinth bewältigen. Diesmal handelte es sich hierbei um keine geometrische Figur, es war das gute, alte Strichmännchen. Seit seiner Kindheit hatte er davon schon etliche zu Papier gebracht und sich keine größeren Gedanken über das ungeheuerliche Alter oder die globale Verbreitung dieses Symbols gemacht. Er war sich absolut sicher, die richtige Wahl für sein Bild getroffen zu haben, und er ahnte, dass er noch öfter auf diese Figur zurückgreifen würde, schließlich symbolisiert auch sie nicht nur einen bestimmten Menschen, sondern darüber hinaus auch den Menschen im Allgemeinen.

Weil diese aber für gewöhnlich das Äußerliche eines Individuums versinnbildlicht, überlegte Tim, wie er hingegen eine Strichfigur für den Geist darstellen könnte, thematisierte die *Nummer Eins* doch einen Gedanken- oder Gefühlsgang durch ein symbolisches Labyrinth. Da die Strichfigur in der Regel dunkel auf heller Unterlage gezeichnet wird, kam ihm die Idee der Inversion, sie in seinem Bild hell auf dunklem Grund zu malen, wie man sich einen Geist nun einmal vorstellte, als eine Lichtgestalt.

Durch diese Kontrastumwandlung vom Positiven ins Negative machten seine Gedanken wieder einen dieser Sprünge, und er landete auf dem Gebiet der Metaphysik. Tim stellte sich eine Frage, auf die bereits seit der Antike eine Antwort gesucht wird: In welcher Beziehung stehen unser Körper und Geist zueinander? Handelt es sich hierbei um Gegensätze? Dies war ein Thema, das ihn noch länger beschäftigen sollte.

Und so, wie es sich in diesen Anfängen bereits abzeichnete, führte es ihn fast automatisch von einem Wissenszweig zum anderen, als habe er mit seiner Selbstschulung zum Allegoristen zugleich eine Lehre in Kunst, Religion, Philosophie, Geschichte, Geometrie, ja, in allen möglichen Fächern begonnen. Da Tim noch nicht genau wusste, wie er das Herzstück seines Bildes gestalten sollte, widmete er sich auch in den folgenden Wochen der Ideenfindung und Weiterbildung, wann immer es ihm möglich war. Durch den Lernstoff und seine gesammelten Niederschriften erweiterte er nebenbei nicht nur seinen Wortschatz, sondern begann allmählich, auch eine Leidenschaft für die Sprache und das Schreiben zu entwickeln.

Kapitel Drei

Mein Gedächtnis ist sehr löchrig. Umso verwunderlicher, dass bei all den Gedanken und Einfällen, die ich in diesen Tagen ohnehin schon habe, urplötzlich Erinnerungen wieder wach werden, die ich längst verloren glaubte. Ich habe mal gehört, dass der Bereich unseres Gehirns, welcher die Realität wahrnimmt, und jener, der die Träume und Wünsche verwaltet, sich überschneiden. Mag sein, dass es nur Wunschdenken ist und ich zu viel da hineininterpretiere, aber es kommt mir so vor, als hätte ich einige Puzzlestücke wiedergefunden, die ich seinerzeit nicht anlegen konnte, deren Bedeutung sich mir erst heute erschließt. Hinzu kommt dieser Drang, als wäre es meine Pflicht, meine Gedanken schriftlich festzuhalten, nicht nur der inneren Ordnung wegen oder um sie vor den schwarzen Löchern in meinem Gedächtnis zu bewahren, sondern auch um andere jederzeit in dieses „Puzzle"-Bild setzen zu können, wofür der Rahmen eines Gespräches nicht annähernd ausreichen würde.

Als kleiner Junge hatte ich mal in einem günstigen Moment in den Tagebüchern meiner Mutter und meiner Schwester heimlich gestöbert, was in beiden Fällen aufflog, weil ich mich selber in diesen verewigt hatte. Warum ich unbedingt hineinschreiben musste, in welches Mädchen ich damals verknallt gewesen war; ich habe nicht den leisesten Schimmer, was mich da geritten hatte. Ich wollte dann auch unbedingt so ein Geheimbuch haben, machte mich eines Abends daran aufzuschreiben, was ich tagsüber getrieben hatte, aber bereits auf der ersten Seite stellte ich fest, dass mir das Ausformulieren zu anstrengend war. Schade drum, hätte ich regelmäßig Tagebuch geführt, könnte ich bedeutende Erlebnisse aus meiner Vergangenheit wieder lebendig machen, und ich wäre heute mit Sicherheit geübter darin, Gedanken und Gefühle in Worte zu fassen.
Nein, eine helle Leuchte war ich bestimmt keine. Im Zusammenleben mit meiner Schwester und meiner Mutter wurde ich mir des Öfteren dessen bewusst, wenn ich beispielsweise ihren

Gesprächen mal wieder nicht folgen und inhaltlich kaum etwas beisteuern konnte. Dennoch flackerte – wenn auch selten – eine nachdenkliche, mitunter philosophische Seite in mir auf. In diesen raren Momenten äußerte ich „Lebensweisheiten", wie: Bei was Schnelles muss man sich Zeit lassen. Ein Spruch, den ich mit ca. fünf Jahren rausgehauen haben soll und nicht vergessen habe, weil ihn meine Mutter damals niederschrieb, einrahmte und über unser Klo hängte. Wie das Schreiben und die Grammatik war auch das Lesen in meiner Kindheit nicht mein Ding, mit Ausnahme dieser fesselnden und enthüllenden Tagebücher und – nicht zu vergessen – der Lustigen Taschenbücher. Anstatt zu Wörtern fühlte ich mich eher zu Bildern hingezogen und in meiner Phantasie verbrachte ich viele schöne Stunden im bunten Entenhausen. Doch trotz meines Faibles für Bilder, fehlte mir ebenso die Muße für das Malen, obwohl es mir an Kreativität und Vorstellungskraft nicht mangelte.

Alles in allem hatte ich eine sehr schöne Kindheit, auch wenn es nicht immer leicht war, ohne männlichen Elternteil aufzuwachsen. Wir wohnten unweit von Köln entfernt in einem Mehrfamilienhaus in Königsdorf. In der Nachbarschaft und in der Schule hatte ich viele Freunde, mit denen ich fast täglich stundenlang draußen spielte, im örtlichen Fußballverein war ich auf der Kaiserposition gesetzt und die zwei schönsten Mädchen der Klasse waren gleichzeitig in mich verliebt. Langweilig wurde es für mich eigentlich nur sonntags in der Kirche oder wenn alle meine Freunde wochenlang im Urlaub waren. Kostspielige Reisen oder Hobbys konnten wir uns, verglichen mit den meisten Eltern meiner Freunde, nicht leisten, stattdessen besuchten wir in gewisser Regelmäßigkeit Verwandte in Niedersachsen.

Die Sonntage kamen mir so vor, als opferte ich sie meiner Mutter. Meine Freunde mussten nicht mit ihren Eltern in die Kirche gehen, und während ich die Zeit dort absaß, dachte ich nur daran, was meine Kumpels machten und was ich gerade verpasste. Trotzdem glaubte ich gerne an diesen lieben Gott, und von Kindesbeinen an begleite mich irgendwie ein Gefühl, als habe er etwas mit mir vor. Ich machte mir aber keine tiefergehenden Gedanken darüber, auch nicht über diesen Gott. Vielleicht musste er als Vaterersatz herhalten, und mir gefiel einfach die Vorstellung von einem allmächtigen Supervater, der angeblich schützend seine Hand über mich hält, mich liebt und jederzeit ein offenes Ohr für mich hat. Mehr war das nicht, und so fühlte ich mich im Kreise der Kirchengemeinde und meiner fundamentalistischen Verwandten mütterlicherseits zumeist unwohl und nicht zugehörig. Bei unseren Familientreffen lag immer so eine Schwere in der Luft. Wenn überhaupt wurde nur gelächelt, aber nicht gelacht. Später erklärte mir mal meine Mutter, dass mein Opa das Lachen als einen ungezügelten Gefühlsausbruch verurteilte. Aus diesem Grund vermieden es seine acht Kinder in seiner Gegenwart. Meine Mutter hatte ihren Vater niemals wirklich lachen sehen. Nein, die Einstellungen und Lebensweisen einiger meiner Verwandten waren mir damals schon zu viel des Guten und ihre ernste, gottesfürchtige Weltanschauung ist auch heute nicht die meine.

Anders als bei meiner Schwester wollte die christliche Alleinerziehung meiner Mutter bei mir nicht so recht fruchten. Ich hörte nur, was ich hören wollte, und ich log zuweilen, dass sich die Balken bogen. Ohne Gewissensbisse fing ich eines Tages an, das eine oder andere Spielzeug oder Comic von meinen Freunden mitgehen zu lassen, sogar als wir in den Sommerferien wieder einmal zu Besuch bei meinen Cousins waren, stahl ich ihnen ein Schweizer Taschenmesser und ein Fernglas für meine Ausflüge daheim im Wald. Hin und wieder griff ich auch meiner Mutter in die Geldbörse, um mir von der Beute Klebebilder und Süßigkeiten zu kaufen. Außerdem war ich der Gewalt nicht abgeneigt, nicht nur im Sport, sondern auch bei Rangeleien auf dem Schulhof wusste ich meinen Körper einzusetzen, und es war Musik in meinen Ohren, wenn einer, der mir blöd gekommen war, kurze Zeit später knatschend im Gebüsch lag. Auch meine Schwester kann von meiner damaligen Rauflust noch ein Klagelied singen.

Ich erinnere mich noch gut daran, wie etwas ganz Kleines damals eine große Auswirkung auf mich hatte. Eines Nachmittags, meine Schwester war bei einer Freundin, hatte mich meine Mutter kurz alleine in der Wohnung gelassen, um mit der

Nachbarin zu reden. Ich saß vor dem kleinen roten Röhrenfernseher, den wir von Verwandten geschenkt bekommen hatten, und eine Fliege landete auf mir – wieder und wieder – bis ich es irgendwann leid war. Ich jagte ihr durch die Wohnung hinterher, doch sie entkam mir immer im letzten Moment, was mich nur noch mehr auf die Palme brachte. Als ich sie endlich an einer Fensterscheibe erwischt und mit einem Schlag erledigt hatte, fiel sie in einen Blumentopf auf der Fensterbank. Es war nicht das erste Mal, dass ich ein Insekt getötet hatte, aber während ich das ansah, stumm, regungs- und leblos auf dem Rücken liegend, was soeben noch quicklebendig summend durch die Wohnung geflogen war, wurde mir schlagartig ganz anders. Ich fühlte mich plötzlich abgrundtief schlecht und schuldig, weil ich das Leben der Fliege beendet hatte, und fing bitterlich an zu weinen. Ich nahm sie vorsichtig aus dem Topf und rannte mit ihr tränenüberströmt zur Nachbarin, bei der sich meine Mutter gerade aufhielt. Ich weiß nicht, warum ich ausgerechnet auf den Tod einer Fliege derart heftig reagierte, aber an diesem Tag hatte ich die Bisskraft meines Gewissens zu spüren bekommen wie noch nie zuvor.

Wie ein wiederkehrendes Muster war es erneut etwas Kleines, das mit einem großen Effekt aufwarten sollte. Ich hatte mittlerweile doch schon mal das eine oder andere Buch aufgeklappt, oftmals war ich über die ersten Kapitel aber nicht hinausgekommen, weil mir entweder die innere Ruhe gefehlt hatte oder es zu langweilig gewesen war. Lediglich ein paar wenige Abenteuerromane hatten es geschafft, meine Aufmerksamkeit und Neugierde bis zum Ende aufrecht zu erhalten. Ich kann mich nicht mehr erinnern, wie alt ich war, ob es auf eine Empfehlung meiner Mutter hin geschah oder ob ich selber eines Tages in ihrer Sammlung auf dieses dünne DinA5-Büchlein stieß, das ich anschließend in einem Rutsch verschlang. Es trägt den Titel *Der Papalagi* und beinhaltet die Reden des Südsee-Häuptlings Tuiavii aus Tiavea, die er vor seinen polynesischen Landsleuten gehalten haben soll, um sie vor dem weißen Mann, dem Stadtmenschen, zu warnen – also auch vor mir. Über die Bedeutung dieses Puzzleteils bin ich mir auch erst in diesen Tagen bewusst geworden. Die Worte des Häuptlings hatten einen ungeheuer starken Einfluss auf mich. Unsere Lebensweise wirkte aus seiner Sicht dumm und lächerlich, was mich erstmals dazu brachte, mein Dasein, verbunden mit meinen Gewohnheiten, Zielen und Ansprüchen, kritisch zu hinterfragen und sowohl mich als auch den Menschen im Allgemeinen aus einer gewissen Distanz zu betrachten.

Natürlich gab es noch manch Prägendes in meinen jungen Jahren, doch diese beiden Begebenheiten waren meines Erachtens wichtige Schlüsselerlebnisse, die dazu führten, dass die tiefgründige – in meiner frühen Kindheit noch verborgene – Seite den Kampf gegen meine stark dominante, unbeschwerte Oberflächlichkeit aufnahm und an den bis dahin vorherrschenden Kräfteverhältnissen langsam aber hartnäckig zu rütteln begann. Der Astrologie stehe in eigentlich immer noch äußerst skeptisch gegenüber, aber ich muss zugeben, dass bei mir zunehmend die Wesensmerkmale zum Vorschein kamen, die meinem Sternzeichen Waage zugeordnet werden, wie das Gerechtigkeitsempfinden und das Harmoniebedürfnis beispielsweise. Außerdem braute sich in mir ein starkes Spannungsverhältnis innerer Widersprüchlichkeiten zusammen, das in der Konstellation Sternzeichen Waage mit Aszendent Steinbock wohl auftreten kann: Flachheit gepaart mit Tiefsinn, manchmal mitfühlend, selbstlos und gewissenhaft, dann wieder skrupellos, kaltherzig und egoistisch, heute überschwänglich glücklich, am nächsten Tag aus heiterem Himmel tief melancholisch, mal schüchtern, mal forsch, auf der einen Seite sanft und friedliebend, wollte keiner Fliege etwas zuleide tun, auf der anderen Seite weiterhin konflikt- und gewaltbereit. Ein Teil von mir wollte lieber ursprünglicher leben, in der Natur, der andere träumte von der dicken Kohle und schnellen Autos, Widersprüche überall. Ja, und wer kennt nicht das innere Tauziehen zwischen Gut und Böse, Recht und Unrecht, Wahrheit und Lüge? Damals wusste ich nicht, wie ich damit umgehen sollte, dieses ewige Auf und Ab, Hin und Her, nicht das eine, aber auch nicht das andere, gefühlt irgendwie nichts davon und doch beides zu sein. Erstaunlicherweise sollen auch dieser distanzierte Blickwinkel und das gelegentliche Einnehmen einer Metaposition, das in meiner Erinnerung erstmals durch das Büchlein *Der Papalagi* ausgelöst wurde, aufgrund meines Aszendenten Steinbock in meiner Natur liegen. Immer häufiger versuchte ich, diese „Fernwarte" zu nutzen, um aus mir selbst schlau zu werden, gleichzeitig begann ich aber auch, auf die Menschen in meinem Umfeld zu schielen. Verglichen mit mir wirkten sie auf mich viel unkomplizierter gestrickt. Die meisten konnte ich einer bestimmten Kategorie zuordnen, bei mir selber wollte dies aber nicht gelingen, und oftmals wünschte ich mir, jemand anderes oder einfach nur wie sie zu sein.

Möglicherweise kam der Vorschlag von meinem Onkel und meiner Tante, mit der Absicht, mich auf den „rechten Pfad" zu führen. Oder vielleicht dachte sich auch meine Mutter, dass es mir mal ganz gut täte, wenn ich meine Cousins auf eine Kirchenfreizeit nach Bayern begleiten würde. Ich tat es und stieg in den Zug gen Süden, um mich unter die Schäfchen zu mischen. Ich muss gestehen, es war richtig schön. Alle waren supernett zueinander und bestens gelaunt. Wir machten Ausflüge, spielten Fußball auf dem schönen Gelände und grillten gemeinsam. Einmal am Tag trafen sich alle in einem Saal, sangen christliche Lieder und beteten, Lobpreis wurde das genannt. Falls es ein Plan gewesen war, dann ging er auf, der Aufenthalt beeindruckte und beeinflusste mich sehr. Als ich wieder so da saß im Zug nach Hause mit zahlreichen guten Vorsätzen im Gepäck und meinen Blick über die schöne Landschaft schweifen ließ, fühlte ich mich, als hätte mein Leben neu begonnen. Ich wollte dieses fortan in den Glauben stellen und Gutes tun. Daheim betete ich anfangs sehr häufig, versuchte meine dunkle Seite in die Schranken zu weisen und begann die Bibel zu lesen. Meine Freunde in Königsdorf, die größtenteils aus atheistischem Hause stammten, wunderten sich natürlich über meinen krassen Wandel und glaubten, man hätte mir in Bayern eine Gehirnwäsche verpasst. Wie lange ich es schaffte, auf dem „rechten Pfad" zu bleiben, weiß ich heute nicht mehr. War ich auf der Kirchenfreizeit vielleicht zwei Schritte nach vorne gelangt, machte ich im Dunstkreis meiner Clique wieder einen ganz großen Satz zurück.

Obwohl ich weiterhin an Gott glaubte, kam ich immer öfter ins Straucheln, sodass mich meine alten Gewohnheiten schon bald einholten, bis ich mir irgendwann überhaupt keine strengen Regeln mehr auferlegen oder Seiten von mir unterdrücken wollte. Einige meiner Freunde hatten nun endgültig die Nase gestrichen voll von meinen wechselnden Gesichtern. Einer von ihnen nannte mich in der Runde einmal abfällig „Teilzeit-Jesus", was ich ihm sehr übel nahm und woran ich eine Weile zu knabbern hatte. Es war völlig neu für mich, Spott zu ernten. Ich fühlte mich gedemütigt, gescheitert und fragte mich, wieso ich so bin, warum ich aus mir einfach nicht schlau werde und ob sich das ändert, wenn ich älter bin.

Im Grunde habe ich mich in den vergangenen Jahrzehnten nicht groß verändert, lässt man mal die Dinge beiseite, die das Erwachsenwerden zwangsläufig mit sich bringen. Ich würde sagen, es haben nur Verlagerungen stattgefunden, und bis zum heutigen Tage sind noch immer diese vielen Kehrseiten – manche kleiner, manche größer – in mir vorhanden. Sie erschweren es mir oftmals, eine klare Meinung zu fällen oder gewichtige Entscheidungen zu treffen, beispielsweise ob ich mich taufen lassen sollte oder nicht. Nie hatte ich das Gefühl, so etwas wie eine eigene Linie gefunden zu haben, geschweige denn irgendeiner gefolgt zu sein, und es kommt mir so vor, als wäre ich immer noch auf der Suche nach meiner Zugehörigkeit. Doch nun ist es zum ersten Mal so, dass ich dieses Spannungsverhältnis innerer Widersprüchlichkeit, worin ich früher nur Nachteile gesehen habe, nicht mehr missen möchte, weil es doch ganz spannend ist, ich zu sein. Und ich bin gespannt auf das, was da noch kommen wird. Ja, ich habe sogar diese Vorahnung, dass es neben meiner Vielseitigkeit ganz besonders diese Ambivalenz ist, die mir in der Vergangenheit immer wie ein Hindernis im Weg zu stehen schien, die aber nun für mich, gerade in Bezug auf meine Kunst, noch von Vorteil sein und mich weiterbringen sollte.

All diese Erlebnisse haben mir vor Augen geführt, ich bin beeinflussbar, mal leichter, mal schwerer, und wäre ich anstelle des

Christentums in einer anderen Glaubensrichtung geprägt worden, würde ich wahrscheinlich zu dieser tendieren, Ungläubigkeit eingeschlossen. Doch ist Beeinflussbarkeit als eine schlechte Eigenschaft abzutun? Ist sie nicht eine Grundvoraussetzung für eine Weiterentwicklung? Sie kann auch Beweglichkeit und Einsichtigkeit bedeuten. Möglicherweise können wir gewisse Veränderungen oder Verlagerungen überhaupt nicht alleine in Gang setzen, sondern sind dafür auf Impulse von außen angewiesen, sei es durch ein kurzes Gespräch in der Bahn, ein dünnes Büchlein oder gar durch eine kleine Fliege. Aber wie ganz am Anfang erwänt, vielleicht reime ich mir das alles nur zusammen und sehe Zusammenhänge und tiefere Bedeutungen, wo keine sind. Womöglich ist sogar mein Glaube nur Wunschdenken, auch wenn ich mich in diesen Tagen erneut darin bestärkt fühle. Klar ist mir nur, ich werde niemals zu mir finden, wenn ich nicht weiter ergründe, woran ich denn eigentlich glaube, völlig unabhängig von jeglichen Einflüssen und Wünschen.

Kapitel Vier

Der vitruvianische Mensch, die Quadratur des Kreises, der goldene Schnitt, die Kreiszahl Pi, der Würfel des Metatron, Yin und Yang, das Auge der Vorsehung – eins führte zum anderen und oftmals war Tim selber überrascht, wofür er sich da neuerdings interessierte, seitdem er die Kunst der Allegorie für sich entdeckt hatte. Bis in die Haarspitzen motiviert, es in der Malerei zu einem bedeutenden Allegoristen zu bringen, tauchte er – infolge seiner Selbstschulung und der Ausschau nach zeitgemäßen und für ihn interessanten Bedeutungsträgern, die ihn inspirierten und sich für seine zukünftigen Bilder eigneten – immer tiefer in den Kosmos der Zeichen und Symbole ein. Sogar einzelne Satzzeichen oder Buchstaben nahm er genauer unter die Lupe, um sie auf ihren Symbolgehalt zu durchleuchten, schließlich gab es ja auch unter ihnen einige, die sich von einem einfachen Zeichen mittlerweile zu ausdrucksstarken Symbolen gemausert hatten, nimmt man beispielsweise nur mal das simple Fragezeichen.

Sein Lerneifer machte sich auch bei der Auswahl des Fernsehprogramms bemerkbar, die bisher fast ausschließlich auf die berieselnde Unterhaltung ausgerichtet war. Nun schaute er vermehrt Biographien berühmter Künstler oder Sendungen mit religiösen, philosophischen oder wissenschaftlichen Inhalten, angefangen bei den Entstehungstheorien des Universums, bis hin zur Erforschung des menschlichen Geistes. Ein richtiges System war in seiner Selbstschulung nicht zu erkennen, und während er – nur seiner Intuition folgend – zwischen den unterschiedlichsten Wissenszweigen hin und her sprang, stieß er bei dem Versuch, sich so manchen Lernstoff einzutrichtern, oftmals an die Grenzen seiner Aufnahmefähigkeit. Doch hatte er die einzelnen Fachgebiete, wie damals auf dem Stundenplan in seiner Schulzeit, bisher eher getrennt voneinander gesehen, so begannen sie in seiner Wahrnehmung langsam ineinanderzugreifen. Selbst die Fächer Mathematik und Physik, die früher nicht unbedingt zu seinen Favoriten gezählt hatten, erstrahlten zunehmend in einem viel interessanteren Licht. Ganz besonders die Allgegenwärtigkeit der Geometrie war es bei ihm, die ihm die Unendlichkeit der Zusammenhänge bewusst werden ließ, und ihm war klar, eine möglichst ganzheitliche, fächerübergreifende Sicht- oder Denkweise würde für ihn und sein künstlerisches Schaffen von großem Nutzen sein. Weiterhin schrieb er fleißig nieder, was ihm von den Lerninhalten für seine Kunst verwertbar erschien, wobei seine Aufzeichnungen immer mehr an den Aufbau von Mind- oder Concept-Maps erinnerten. Was bisher noch gerade von links nach rechts zu Papier gebracht worden war, verlief nun auch mal schräg oder kreisförmig. Einzelne Zeichen und Symbole hob er größer hervor und versah sie mit Anmerkungen, manchmal gestaltete er sogar aus Wörtern ein Symbol, und ein Satz bildete zugleich einen Pfeil, der auf ein weiteres Feld verwies.

Warum hatte man mir in der Schule nicht schon versucht, eine fächerübergreifende Sicht zu vermitteln? Wieso gibt es in den Schulen bis heute immer noch keinen Unterricht, der das ganzheitliche Denken fördert, eine Art Zusammenhangslehre, fragte er sich in diesen Tagen häufiger. Handelt es sich hierbei nicht um ein folgenschweres Versäumnis? Ist bei all den Problemen in der Welt und den damit einhergehenden Herausforderungen für die kommenden Generationen eine ganzheitliche Sichtweise, die Dinge im größeren Zusammenhang zu sehen, nicht unabdingbar? Damals, erinnerte er sich, hatte er zu vielen Fächern überhaupt keinen Bezug aufbauen können und die meisten Lerninhalte – wenn überhaupt – in seinem Kurzzeitgedächtnis abgespeichert. Er hatte immer geglaubt, dass er den größten Teil davon später sowieso nicht mehr brauchen würde. Auch das sah er nun anders, und er bereute seine damalige Einstellung.

Tim spürte, mit diesen Gedanken hatte er schon einmal die richtige Richtung eingeschlagen, doch was er nicht wusste, etwas ganz Entscheidendes fehlte ihm noch. Wieder einmal war es eigentlich nur eine Kleinigkeit, die ihn aber ungemein weiterbringen sollte. Dieses gewisse i-Tüpfelchen befand sich die ganze Zeit vor seiner Nase, doch weil es so klein und leicht zu übersehen ist, bemerkte er es nicht.

„Wie hieß nochmal der Künstler, von dem du mir das tolle Video gezeigt hast?", fragte Tims Mutter Klara, die nach ihrem sonntäglichen Gottesdienstbesuch in der Friedenskirche mit einem selbstgebackenen Käsekuchen bei Anna und ihrem Sohn vorbeigekommen war.
Tim musste überlegen, welches sie meinen könnte, denn er hatte ihr mehrere gezeigt. „Meinst du den aus der Schweiz?"
„Nee, der nicht. Der diese abstrakten Gesichter malt und eine Malschule in Leverkusen hat."
„Ach, der heißt Stock, Walter Stock, glaube ich, wieso fragst du?"
„Ja, genau der. So wie der malt, das ist voll mein Geschmack. Wie der da mit dem Pinsel über das Papier geflogen ist, ohne vorzuzeichnen, weißt du was ich meine? Dieses Intuitive, das hat mich total infiziert. Was hältst du davon, wenn wir beide uns bei dem anmelden? Ich habe da selber richtig Lust drauf bekommen und würde dir das gerne spendieren."
Eigentlich war Tim der Meinung, dass ein gewöhnlicher Malkurs für seinen Werdegang kaum förderlich wäre, zudem investierte er seines Erachtens schon sehr viel Freizeit in die Verwirklichung seines Traums, ein professioneller Künstler zu werden, Zeit, die ihm auf der anderen Seite für Anna und Momo fehlte, und er wollte auf keinen Fall, dass sie auf Dauer zu kurz kämen. „Ui, das ist schon ein tolles Angebot", stammelte er, was deutlich zeigte, dass er für diesen Vorschlag nicht direkt Feuer und Flamme war.
„Sag ganz ehrlich, wenn du nicht willst, fühl dich ganz frei."
„Ja, erstmal danke, das ist echt superlieb, aber ich muss es mir nochmal durch den Kopf gehen lassen."
„Ist gut. Auch wenn es jetzt nicht genau das ist, was du dir vorstellst, wäre es doch bestimmt ganz hilfreich, dieses freie und mutige Malen von einem Profi zu lernen, oder?"
„Ja, das schon", druckste Tim, woraufhin sich Anna einschaltete und ihn zu seiner Überraschung ebenfalls zu überzeugen versuchte, Klaras Angebot anzunehmen.
„Was gibt's denn da noch zu überlegen? Das ist doch eine super Idee."

„Ihr habt ja Recht, aber ich habe jetzt schon ein schlechtes Gewissen, weil für das Ganze so viel Zeit draufgeht und du dafür zurücksteckst. Würde das von meiner Arbeitszeit abgehen, keine Frage, aber so..."
„Wie oft ist das denn?", wollte Anna wissen.
„Keine Ahnung, müsste ich nachschauen."
„Ja, dann guck doch mal. Ich kann von meiner Seite nur sagen, dass ich es gut fände, und wenn du denkst, dass es dich weiterbringen könnte, dann solltest du das auch tun. Mach dir da um mich mal keinen Kopf, jetzt bist du erstmal dran." Anna lächelte ihn warmherzig an und ergänzte: „Vielleicht will ich ja selber später irgendwann auch nochmal etwas anderes lernen, wer weiß."
Tim holte seinen Laptop und rief die Internetseite des Künstlers auf. „Hier steht's: einmal die Woche, entweder dienstags oder donnerstags, immer abends."
„Na, das ist doch okay", sagte Klara, „einen Abend in der Woche, also wäre das neben der Arbeit machbar, aber wie gesagt, kannst du dir ja nochmal überlegen, ich will dich zu nichts überreden."
Tim nickte, griff zu seiner Tasse und kippte den Kaffeerest runter.
„Und was macht eigentlich dein Bild, bist du in den letzten Tagen überhaupt zum Malen gekommen?", fragte Klara.
„Nein." Tim rieb sich die rechte Schläfe, was er oft machte, wenn er grübelte. „Ich mache erst weiter, wenn ich mir absolut sicher bin, wie ich es genau fertigstellen will. Da hänge ich noch fest. Dafür habe ich in letzter Zeit viel gelernt, und mir sind auch schon einige Ideen für weitere Bilder gekommen, aber das ist alles so komplex." Tim zögerte und blickte nachdenklich ins Leere.
Klara hakte nach: „Inwiefern, was meinst du genau?"
„Es ist ja so, ich will keine Landschaften, Stillleben oder Portraits malen. Mit meinen Bildern möchte ich meine Gedanken, meinen Glauben und so weiter, also meine Sicht der Dinge ausdrücken. Das ist es, was mich reizt. Je tiefer die Denke dahinter, desto interessanter die Bilder, leuchtet ein, oder? Zum ersten Mal wird mir aber klar, in wie vielen Punkten ich mir selber noch total im

Unklaren bin, wie ich persönlich dazu stehe, ja, woran ich eigentlich glaube. Was ich damit sagen will, es kommt mir so vor, als ob ich durch die Kunst gezwungen werde, endlich eine Position zu beziehen. Das ist doch irgendwie absurd, ich weiß noch nicht einmal, wie ich die Dinge sehe, verspüre aber den Drang, meine Ansichten für die Nachwelt auf Leinwand zu verewigen."
Seine Mutter musste kichern. „Ja, du bist eben deiner Zeit voraus."

Nachdem sich Klara etwas später verabschiedet hatte, gingen Anna und Tim mit Momo raus, die während des Kaffeekränzchens geduldig in ihrem Körbchen im Wohnzimmer auf die abendliche Gassirunde gewartet hatte. Draußen griff Tim nach Annas Hand. „Danke auf jeden Fall für deine ganze Unterstützung, das würde bestimmt nicht jede Frau so machen. Dann sollte ich das Angebot mit dem Malkurs wohl auch annehmen, es kann ja nur von Vorteil sein, meine malerischen Fähigkeiten auszubauen."
„Ja, das wird bestimmt toll, und du kannst schon mal in die Szene reinschnuppern, vielleicht auch ein paar interessante Kontakte knüpfen."
Gut gelaunt schlenderten sie durch die Straßen und beobachteten eine Weile schweigend ihre Hündin Momo, bis Anna die Stille unterbrach und auf ein Thema zu sprechen kam, worüber sie beide schon einige Male geredet hatten, aber auch hier bislang zu keinem klaren Ergebnis gekommen waren und eine Entscheidung immer noch vor sich herschoben. „Sag mal, bei all den Dingen, die dir so durch den Kopf gehen, hast du denn nochmal über das Thema Kinder nachgedacht?"
„Ja, das wollte ich dir eigentlich schon längst erzählt haben. Gerade vor ein paar Tagen habe ich noch mit Frau Kötter darüber gesprochen, du weißt schon, die Sekretärin vom Chef."
„Ach ja die, aber warum? Wolltest du ihre Erlaubnis einholen oder was?", fragte sie ironisch.
„Ja klar, muss alles von oben abgesegnet werden. Nee, Spaß beiseite. Irgendwie sind wir beim Thema Kinderkriegen gelandet,

und ich habe ihr gesagt, dass wir beide immer noch unentschlossen sind. Ihr ging es damals wohl mit ihrem Mann ähnlich, und heute bereut sie es doch sehr keine Kinder zu haben, jetzt, wo der Zug bei ihr schon abgefahren ist. Die hat richtig feuchte Augen bekommen. Daran muss ich immer wieder denken, ich will später im Leben nichts bereuen."
Anna hatte gar nicht damit gerechnet, dass Tim diesbezüglich wirklich nochmal in sich hineingehorcht hatte. „Interessant, dass du das sagst, so ähnliche Gedanken hatte ich nämlich auch. Als ich gestern beim Frauenarzt war, haben wir auch darüber geredet, und er meinte, ich bin gesund. Auch was das Kiffen angeht, sieht er da jetzt keinen Hinderungsgrund. Ich sollte damit dann aufhören, versteht sich von selbst, aber von seiner Seite kam ganz klar grünes Licht. Als ich das hörte, fühlte ich mich natürlich gut, habe mir dann aber die Frage gestellt, wie es mir wohl ginge, wenn die Untersuchung etwas anderes ergeben hätte, wenn ich gar keine Kinder bekommen könnte und gar nicht die Wahl hätte? In dem Moment ist mir bewusst geworden, es wäre mir nicht egal, ich wäre tieftraurig. Auf einmal wurde ich ganz ruhig und konnte für mich das erste Mal mit Sicherheit sagen: Ja, ich möchte Kinder bekommen und habe gelächelt."
Tim blieb stehen, drehte sich zu seiner Frau und drückte sie fest an sich. „Das ist schön! Stell dir nur mal vor, ein Kind von uns beiden. Obwohl..."
Anna schob ihn etwas zurück, um ihm in die Augen schauen zu können und fragte: „Hä? Gibt's da etwa ein Problem oder was?"
„Nee, ich habe da nur so eine Befürchtung. Das wird bestimmt ein Mädchen und das allerfrechste der Welt, na eben du in klein."
Anna grinste und erwiderte: „Also ich würde eher auf einen Jungen tippen, aber egal, Hauptsache gesund."
„Genau! Junge oder Mädchen, wär' beides cool. Aber vielleicht sollten wir uns da besser nicht so reinsteigern und es ganz locker angehen, wir wissen ja nicht, ob's überhaupt klappt."
„Ja, so sehe ich das auch, und falls es nicht klappen sollte, dann suche ich mir halt einen anderen", sagte sie schelmisch und machte in weiser Voraussicht einen Satz nach vorne.
„Na warte, ich krieg dich noch! Du kannst von Glück sagen, dass

ich so viel Kuchen gegessen habe!"

Als Tim und seine Mutter eine Woche später zum ersten Mal das riesige Atelier des Künstlers Walter Stock betraten, staunten sie nicht schlecht. Großformatige Gemälde, auf denen abstrakte, äußerst schwungvoll gemalte Menschen- und Tiergestalten in prächtigen Farben jeden Betrachter in ihren Bann zogen, füllten nahezu alle Wandflächen. Ein paar der Bilder erkannte Tim von der Homepage des Künstlers sofort wieder, aber hier in Originalgröße entfalteten sie erst ihre wahre Wirkung. Mehrere Werktische waren in der Mitte des Raumes zusammengestellt und bildeten ein großes Rechteck, an dem schon ein halbes Dutzend Schülerinnen Platz genommen hatten. Walter Stock, ein kleiner, stämmiger Mann Anfang 60 mit weißgrauem Haar und Schnäuzer und einer ganz außergewöhnlich sympathischen Ausstrahlung, kam auf Klara und Tim zu und begrüßte sie mit einer kräftigen, herzlichen Umarmung, fast so, als würde er sie schon seit vielen Jahren kennen. Sein Atem verriet, dass er schon Alkohol getrunken hatte. Klara gab er rechts und links einen kräftigen Kuss auf die Wange, womit er sie ein bisschen in Verlegenheit brachte. Nach und nach trudelten noch weitere Teilnehmer ein, von denen einige Wein, Baguette oder Käse mitbrachten. Tim schaute sich um. Nicht nur, dass er in der Runde augenscheinlich mit Abstand der Jüngste war, nein, er war, abgesehen vom Lehrer, auch tatsächlich der einzige Mann in diesem Malkurs. Tim hatte gehofft, hier ein paar Gleichgesinnte kennenzulernen, angehende Künstler mit großen Ambitionen, aber die anwesenden Damen wirkten auf ihn auf den ersten Blick doch eher wie biedere Hausfrauen, die sich zum Stricken und Schmausen verabredet hatten. Das gab ihm schon ein wenig zu denken. Als sie dann auch noch ihre aktuellen Arbeiten hervorholten, bezweifelte er doch stark, dass er hier richtig war. Ihre Bilder ähnelten in keiner Weise den wilden, ausdrucksstarken Werken Walter Stocks, es war vielmehr eine Ansammlung stümperhaft gemalter Leuchttürme vor blauem Himmel mit weißen Wölkchen oder zur Abwechslung auch mal eine Blumenwiese mit Biene, stolz präsentiert in der Hoffnung

auf des Lehrers Lob. Um niemanden zu verletzen, rang sich Tim hier und da mit Mühe ein paar höfliche Worte der Anerkennung ab, hatte aber Probleme in den Bildern überhaupt ein Detail zu finden, das er wohlwollend positiv hervorheben konnte.
„Oh, das ist ihnen aber gut gelungen", flunkerte er die Schöpferin des einzigen Bildes an, welches ein kleines Mädchen mit Schleife im Haar im Sonntagskleidchen zeigte. Der Mund, der wohl ein liebliches Lächeln zum Ausdruck bringen sollte, wirkte in Verbindung mit den verstört blickenden Augen des Kindes ziemlich gruselig.
„Danke, ich bin aber noch nicht ganz fertig", erwiderte die Frau.
„Du kannst mich aber ruhig duzen, das machen wir alle hier so."
„Alles klar! Gerne. Wie lange bist du denn schon in der Malschule?"
„Ich bin seit fast zehn Jahren dabei, aber mit Unterbrechungen. Ich habe auch schon als Kind viel gemalt."
„Das sieht man", war das, was Tim sagte, aber nicht, was er dachte. Heimlich warf er Klara einen vielsagenden Blick zu. In seinen aufgerissen Augen war Entsetzen und gleichzeitig Belustigung zu erkennen. Klara konnte sich nur allzu gut vorstellen, was in diesem Moment in ihrem Sohn vorging, und sie musste die gesamte Kraft ihrer Gesichtsmuskulatur aufbringen, um nicht spontan in schallendes Gelächter auszubrechen.
Walter zählte derweil die Anwesenden und holte aus einer alten Vitrine für jeden ein Weinglas hervor. Dann inspizierte er die Etiketten von zwei mitgebrachten Weinflaschen, bevor er beide entkorkte und allen ein Glas in die Hand drückte.
„Für mich keinen Wein, danke, ich bin mit meinem Saft hier glücklich." Tim zeigte auf die Flasche, die er sich von zu Hause mitgenommen hatte.
„Trinkst du gar nicht?", fragte Walter.
„Och, ganz selten mal, aber ich muss ja auch noch fahren."
„Sehr vernünftig! Ja, das ist schon was Besonderes für mich, auch mal Teilnehmer aus Köln zu haben und dann noch Mutter und Sohn, find ich toll! Wie seid ihr denn eigentlich auf mich aufmerksam geworden?"
Klara berichtete ihm von dem Video, das sie gesehen hatten.

„Wie schnell und frei du da die Gesichter gemalt hast, das hat uns total begeistert. Und jetzt sind wir hier."
„Ja, dann machen wir das doch, sollen wir Gesichter malen?", fragte Walter freudig in die Runde, wirklich umzuhauen schien der Vorschlag jedoch keine der Damen. „Wer nicht will, kann ja auch an seinem Werk von letzter Woche weiterarbeiten oder diese Vorlage abmalen, die ich rausgesucht habe." Er kramte aus seinen Unterlagen einen kleinen Stapel Ausdrucke hervor, auf dem ein Segelboot zu sehen war und legte sie in die Mitte des Tisches.
„Ja, das ist doch schön", befand eine der Schülerinnen und nahm sich die Vorlage, und dann taten es ihr einige gleich.
„Ich male an dem Bild für meine Enkelin weiter, das brauche ich nächste Woche für ihren Geburtstag", sagte die Frau, die das kleine Mädchen gemalt hatte.
Die verbliebenen Schülerinnen und Tim winkte Walter zu sich, damit sie ihm erst einmal über die Schulter schauen sollten, während er anhand einer kleinen Skizze die Proportionen eines Gesichts erklärte. Mit einem breiten, befeuchteten Pinsel in seinen kräftigen Pranken langte er in seinen Aquarellkasten, in dem vor lauter Schmiere kaum noch einzelne klare Farben auszumachen waren. Selbst er musste kurz überlegen, an welcher Stelle sich der Farbton befand, den er suchte, doch in Windeseile hatte er mit viel Wasser, einem hellen Braunton, etwas Orange und in Kombination mit der Schmuddelschicht einen erstaunlich gelungenen Farbton zusammengemischt, der sich für den ersten Auftrag hervorragend als Hautfarbe eignete. Wo nicht nur ein Anfänger zu Beginn bestimmt ein filigraneres Werkzeug zur Hand genommen hätte, drehte Walter den breiten Pinsel einfach in die Schräglage und zeichnete mit dem äußersten Ende einen ovalen Kreis für die Gesichtsform. Dann legte er fest, auf welcher Seite sich seine Lichtquelle befinden sollte, erklärte anschaulich, wo sich demzufolge Schatten bilden müssen und empfahl den Schülern, nicht die gesamte Fläche mit Farbe zu füllen, sondern stellenweise das Weiß des Malgrunds für die hervorstehenden Gesichtspartien, auf die das meiste Licht fällt, stehen zu lassen. Also füllte er nur ungefähr drei

Viertel des Ovals mit der Hautfarbe, und als diese halbwegs getrocknet war, arbeitete er mit einem satten, kühlen Blau die Gesichtszüge gekonnt heraus und setzte mehrere kleine, aber wirkungsvolle Schatten. Ab und zu drehte er den Pinsel einfach mal um und zog mit dessen Holzspitze im noch feuchten Blau ein paar wilde Striche, die beispielsweise auch den Verlauf des Haarwuchses andeuteten. Anschließend wählte er ein warmes Rot als Mittelton zwischen der ersten hellen Farbe und dem Blau, um diese miteinander zu verbinden und setzte damit ein paar Akzente, die das Gesamtbild abrundeten und in Kombination mit dem Blau an manchen Stellen ein Violett entstehen ließen. Beeindruckt guckten sich Klara und Tim an. Genau wie in dem Video, das sie gesehen hatten, hatte Walter innerhalb kürzester Zeit ein ausdrucksstarkes Gesicht auf das Papier gezaubert, mit allem Drum und Dran, als wäre es das Einfachste von der Welt.
Nun war es an Klara und Tim, das Gelernte umzusetzen, was ihnen natürlich nicht annähernd so leicht von der Hand ging, wie es beim Meister der Fall gewesen war. Erschwerender Weise kam hinzu, dass es für sie kaum möglich war, konzentriert an die Sache heranzugehen, da Walter nun, wo er Zeit hatte, eine Anekdote nach der anderen aus seinem Leben zum Besten gab und dabei von den Leckereien naschte. Klara und Tim versuchten krampfhaft, Walters wildes, freies Malen zu imitieren, um ein einigermaßen vorzeigbares Ergebnis zu erzwingen, doch es wollte nicht gelingen, und sie spotteten über ihre eigene Unfähigkeit. Umso überraschter waren sie, als Walter ihre Versuche ernsthaft musterte und sie anschließend lobte.
Zwei Stunden später – wieder im Auto Richtung Heimat – fiel erst einmal eine gewisse Anspannung von ihnen ab, und sie waren froh, sich über die vielen gesammelten Eindrücke des Abends endlich frei unterhalten zu können. Obwohl sie beide im Vorfeld eine andere Erwartung gehabt hatten, fassten sie den Entschluss, den Kurs nach diesen Schnupperstunden weiter zu besuchen und erst einmal abzuwarten, wie sich dieser noch entwickelt. Sie waren sich einig, dass Walter nicht nur ein absoluter Könner, sondern auch ein guter und außergewöhnlicher Lehrer war.

Ein paar Wochen darauf saß Tim endlich mal wieder über seinen Aufzeichnungen im kleinen Atelier unter dem Dach, rauchte und betrachtete, was er schon alles zusammengetragen hatte. Aufgrund seiner Arbeit und der Hausaufgaben für den begonnen Malkurs war er in der letzten Zeit nicht dazu gekommen, dort weiterzumachen und versuchte, den verlorenen Faden wieder aufzunehmen. Vielleicht war es auch gerade dieser ungewollt gewonnene Abstand, der es seinen Gedanken ermöglichte, die folgenden Wege zu gehen. Die vielen einzelnen Entwicklungsschritte, die durch die Begegnung mit Renata und der anschließenden Vision in Gang gesetzt wurden – der erstarkte Glaube, seine Leidenschaft für Allegorien und die daraufhin entfachte Wissbegier, das Eintauchen in den Kosmos der Zeichen und Symbole, sein gewachsenes Interesse sowohl an der Sprache als auch am Schreiben, das Erkennen von Überschneidungen und Zusammenhängen zwischen den unterschiedlichen Fachrichtungen sowie sein Streben nach einer ganzheitlichen Betrachtungsweise – es schien, als ob sie alle auch wegbereitende Vorstufen hinauf zu einem ungewöhnlichen Gedankengang gebildet hatten, der an jenem Abend in einer kleinen Erkenntnis seinen Anfang fand.

Beim Überfliegen seiner Notizen sprang ihm ein Strichmännchen ins Auge, welches er mal vor einiger Zeit etwas schludrig dahingekritzelt hatte und einer römischen Eins mit einem Kreis drauf ähnelte, was man wiederum auch als den Buchstaben i deuten konnte. Bei dieser Ähnlichkeit zwischen der Strichfigur und dem Buchstaben blieb er gedanklich kurz hängen und setzte beiläufig in die Mitte des kreisrunden Kopfes einen Punkt. Dann betrachtete er den Punkt, den Kreis drum herum und die Striche darunter, bevor er den kleinen Punkt wieder in Augenschein nahm, als plötzlich, wie durch ein Nadelöhr geführt, sich seine mitunter wirren Gedankenstränge zu bündeln begannen. Da hatte er sich schon mit den unterschiedlichsten Zeichen und Symbolen beschäftigt, doch den kleinen Punkt die ganze Zeit übersehen. Je länger er über ihn nachdachte, desto größer und bedeutender wurde ihm dieser. Er fragte sich: Was ist denn schon ein Kreis ohne einen Mittelpunkt oder ein Strich ohne

Anfangspunkt? Egal, wie viele verschiedene Buchstaben er in seinen Aufzeichnungen schon geschrieben oder Symbole mit unterschiedlichen Bedeutungen gezeichnet hatte, überlegte er weiter, den Punkt haben sie alle gemein, und alle gehen sie von ihm aus. Ist das Kleinste hier nicht paradoxerweise auch das Größte?

Auch als er zu später Stunde den Weg ins Bett gefunden hatte, dachte er noch weiter darüber nach. Er sah in dem Punkt den kleinsten gemeinsamen Nenner, über welchen alle Zeichen und Symbole jedweder Kultur oder Epoche zusammenhingen oder sich miteinander verbinden ließen, so unterschiedlich sie in ihren Bedeutungen auch sein mochten. Inspiriert durch die Lichtpunkte am Himmel, die Sterne, von denen er ein paar wenige durch das Schlafzimmerfenster sehen konnte, stellte er sich das erste Mal den Kosmos der Zeichen und Symbole auch wirklich als einen solchen vor. In seiner Phantasie waren in diesem imaginären Raum einzelne Bedeutungsträger – ganz gleich, ob Zahl, geometrische Figur, Buchstabe oder Note – in einen eigenen Lichtpunkt eingefasst, umgeben von geistiger Dunkelheit. Zwar ahnte er noch nicht, welch großen Nutzen er aus dieser Visualisierung einmal ziehen würde, doch begann er bereits hier im Bett, diesen Kosmos im Geiste als eine Art gedachtes Paralleluniversum zu verstehen. In diesem *Gedanken-All*, wie er es später nennen sollte, hatte vieles, das im Universum existierte, auch ein eigenes Symbol. Gab es beispielsweise hier den Menschen, gab es dort das Strichmännchen, hier Deutschland, dort die deutsche Flagge, hier das Christentum, dort das Kreuz.

Kapitel Fünf

Tim wusste, dass er auch endlich gefunden hatte, wonach er für die Vervollständigung seiner *Nummer Eins* gesucht hatte. Kein anderes Zeichen oder Symbol eignete sich in seinen Augen besser für das fehlende Herzstück als der Punkt, zumal auch die Redewendung *zum Punkt kommen* metaphorisch für das Entscheidende, das Wichtigste oder den Kern steht – die Strichfigur sollte zum Punkt kommen, ins Herz vordringen. Nach einem gedanklichen Feinschliff machte er sich sofort ans Werk, als sich ihm die Gelegenheit bot. Er hatte sich dazu entschlossen, das Labyrinth in Menschengestalt hell-auf-dunkel zu malen, was er aber nicht schwarz-weiß, sondern in unterschiedlichen Blaustufen umsetzen wollte. Der Hintergrund um die Gestalt herum sowie das Innere des Labyrinths erhielten ein tiefes, dunkles Nachthimmelblau, die Striche des Labyrinths dagegen ein sehr helles Blau, um einen starken Kontrast zu erzeugen. Mit demselben hellen Blau setzte er ein Strichmännchen auf den Weg des Labyrinths im Kopf und einen Punkt für das Ziel im Herzen, dessen Durchmesser etwas größer war als die Figur. Zu der Stelle des Herzens, zu diesem Punkt zu gelangen, war die einzige Möglichkeit für das Strichmännchen, aus dem Labyrinth oder von der Bildfläche zu „verschwinden", was sich durch die Übereinstimmung der Farben von Figur und Zielpunkt automatisch ergab. Nachdem er den finalen Strich gezogen hatte, nahm er das Bild vorsichtig von der Staffelei und hängte es zum Trocknen an die einzige gerade Wand des Dachgeschosses. Anschließend rief er Anna zu sich hoch, die kurze Zeit später die knarrende Treppe hinauf kam und fragte, was los sei.
„Ich bin fertig!" Tim grinste stolz über beide Ohren.
„Wie fertig? Mit den Nerven?", scherzte Anna.
„Nein, mit dem Bild."
„Wirklich? Zeig her!" Als Annas Blick im nächsten Moment auf das Bild an der Wand fiel, sagte sie erstmal nichts. Sie ließ nur demonstrativ ihren Mund offen stehen, um ihr Staunen zum Ausdruck zu bringen.

„Gefällt's dir?", wollte Tim wissen.
„Wie geil ist das denn bitte? Ich habe ja schon mehrmals die Vorzeichnung gesehen, aber dass es am Ende so aussieht. Und dieses Blau! Das verkaufst du aber nicht!"
Tim lachte. „Ich kann gar nicht sagen, wie froh ich bin, du weißt ja, wie lange ich gegrübelt habe, besonders beim Herzstück."
„Ja, du wolltest doch ursprünglich ein besonderes Symbol, wie die Blume des Lebens dort hinsetzen, oder?"
„Stimmt, aber wie sagt man: Manchmal ist weniger mehr." Er setzte sich auf den Boden neben den Aschenbecher, zündete sich einen Tütenstummel an und erklärte Anna, warum er sich für den Punkt entschieden hatte. „Ich würde das Bild auch nicht verkaufen, nicht nur, weil es mir sehr viel bedeutet, sondern weil ich auch das Gefühl habe, ja, daran glaube, dass es mir selber geschenkt wurde. Kunst will aber auch gesehen werden, und ich will, dass dieses Bild viele sehen. Aus diesem Grund hatte ich überlegt, falls du nichts dagegen hast, es meiner Mutter zum Geburtstag zu schenken. Sie würde sich riesig darüber freuen, glaube ich, und bei ihr zu Hause gehen viel mehr Leute ein und aus, die sich für Kunst interessieren."
„Hm...na gut, so bleibt das Bild wenigstens in der Familie."
„Genau! Und wenn ich mal eine Ausstellung machen sollte, darf man auch nicht vergessen, könnte ich es mir jederzeit von ihr ausleihen." Anna, die ihren Blick kaum von der Leinwand abwenden konnte, setzte sich zu ihm und sie verweilten noch eine geraume Zeit gemeinsam in dem nach Ölfarben und Gras riechenden Atelier.
Am liebsten hätte Tim das Bild sofort der ganzen Welt präsentiert, um zu sehen, wie es ankommt, allen voran Renata. Immer wieder hatte er zwischendurch an sie denken müssen und draußen die Augen nach ihr offen gehalten. Es ärgerte ihn mittlerweile sehr, dass er an jenem Tag nicht mal auf die Idee gekommen war, sich ihre Telefonnummer geben zu lassen. Allzu gerne hätte er ihr erzählt, was sich seit ihrem Gespräch in der Bahn zugetragen hatte, sich bei ihr nochmal herzlich bedankt und ihr das Bild anschließend gezeigt, doch er hatte sie weder über Bekannte ausfindig machen können, die schon viel länger

in Rodenkirchen lebten als er, noch über das Internet.

Bis zum Geburtstag seiner Mutter war es nicht mehr lange hin. Das Bild hing immer noch oben versteckt unter dem Dach, damit sie es auf keinen Fall vorher zu Gesicht bekam. Um das Geheimnis zu hüten, hatte er sie schon ein paar Male anflunkern müssen und ihr gegenüber so getan, als gäbe es noch keine sehenswerten Fortschritte. Es sollte ja eine Überraschung werden.
Nach Anna bekamen das Bild zunächst nur David und Sylvia, ein befreundetes Pärchen, zu sehen. David und Tim kannten sich schon viele Jahre, aber seit sie beide nicht mehr Single waren, trafen sie sich nur noch selten, entweder, um gemeinsam einen Blockbuster im Kino anzuschauen oder Silvester zu feiern. Eigentlich hatten sie bei ihren Treffen nie über Kunst geredet, geschweige denn über Philosophie, doch bei einem Besuch bestanden sie zu Tims Überraschung geradezu darauf, sich sein Bild ansehen zu dürfen. Nachdem Tim die Gäste unters Dach in die ehemalige Rumpelkammer geführt und sie das Kunstwerk ins Auge gefasst hatten, waren sie davon so angetan, dass sie es ihm abkaufen wollten. Tim sagte ihnen, dass dieses Gemälde ein Geschenk für seine Mutter sei, aber bestimmt noch weitere Bilder folgen würden, die er ihnen dann anbieten könnte. Es war ein erhebender Augenblick für Tim. Die Tatsache, dass die ersten, die die *Nummer Eins* zu sehen bekommen hatten, es direkt kaufen wollten, hinterließ in ihm ein unbeschreiblich schönes Gefühl. Der Realisierung seines Traums, ein professioneller Künstler zu werden, schien er einen Schritt näher gekommen zu sein.

Dann war es soweit. Seine Mutter hatte den engsten Familien- und Freundeskreis zu ihrem Geburtstag eingeladen. Etwas früher als die anderen Gäste fanden sich Anna und Tim mit Momo bei ihr ein, um bei den letzten Vorbereitungen zu helfen. Tim konnte den Moment kaum erwarten, endlich seiner Mutter das Bild zu überreichen. Als ihnen Klara die Tür aufmachte, sprang ihr dieses unübersehbar große, geheimnisvoll in eine

Decke gehüllte Etwas, das Tim da bei sich trug, natürlich sofort ins Auge, und sie konnte ihre Neugierde nur schwerlich zurückhalten, während sie zuerst einmal alle einzeln umarmte und die vielen Glückwünsche entgegennahm. Nun, nach den vielen Wochen der Geheimniskrämerei, war der ersehnte Zeitpunkt gekommen. Nachdem Klara das Geschenk von seiner Verhüllung befreit hatte und sie sich das Gemälde staunend anschaute, war sie für einige Sekunden sprachlos. Damit hatte sie niemals gerechnet. Im Geiste wählte sie nicht nur einen Ehrenplatz an der Wohnzimmerwand aus, sondern bestimmte auch schon einen passenden Grauton für den Rahmen, damit das Bild best- und schnellstmöglich zu seiner Geltung kommen konnte. Wie sollte sie sich jetzt auf das Zählen der Sektgläser konzentrieren? Sicherheitshalber brachte sie das Geschenk erst einmal in das Schlafzimmer, damit es während der Feierlichkeiten keinen Schaden nahm.
Nach und nach trudelten die anderen Gäste ein. Es wurde auf das Geburtstagskind angestoßen, geschlemmt, geredet und mit Momo gespielt, alles begleitet von klassischer Musik, die leise im Hintergrund lief. Tim bemerkte nicht, wie seine Mutter mit ihrer besten Freundin Beate die Gesellschaft kurz in Richtung Schlafzimmer verließ, um ihr das Bild zu zeigen. Dass es aber so gewesen sein musste, konnte er sich anschließend denken, denn Beate kam danach direkt auf ihn zu und lobte ihn in den höchsten Tönen, bis auch der Letzte der Anwesenden mitbekommen hatte, dass es hier in der Wohnung irgendwo ein Ölgemälde zu sehen gab, das er für seine Mutter gemalt hatte. Viele von ihnen wollten es sich nun auch gerne mal anschauen und fragten Klara, wo es denn sei, die es anschließend mit stolzer Miene aus dem Schlafzimmer hervorholte und ihren Gästen präsentierte.
Auch Tage später klangen noch all die Lobeshymnen in ihm nach, die im Laufe dieses Abends auf sein Kunstwerk angestimmt worden waren. Was es mit diesem Bild genau auf sich hatte, dass er sich selber gar nicht als Urheber, sondern eigentlich nur als ausführendes Organ sah, das alles hatte Tim lieber für sich behalten, auch wenn es ihm ein bisschen so vorge-

kommen war, als hätte er sich mit fremden Federn geschmückt. Mit diesem Erfolgserlebnis hatte er einen kleinen Vorgeschmack auf eine eigene Ausstellung bekommen. Neue Bilder mussten her. Voller Ehrgeiz und Schaffensdrang, getragen von diesem Gefühl der Bestätigung, suchte er sich aus seinem Notizbuch, in dem er seine ganzen Ideen gesammelt hatte, die vielversprechendsten heraus. In seiner Freizeit schuf er ein Werk nach dem anderen, die Stück für Stück die kahlen Wände ihrer Wohnräume eroberten. Hierbei kam es ihm so vor, als würde er gerade etwas sehr Bedeutendes schaffen, als ob diese Bilder genauso gemalt werden mussten, und mit jeder Fertigstellung fühlte er sich nicht nur einer eigenen Ausstellung nähergekommen, sondern auch um eine Menge Gedankengut erleichtert, fast wie von einer geistigen Last befreit. Was Tim in dieser Phase malte, wirkte von Bild zu Bild sehr unterschiedlich, ganz und gar nicht zu vergleichen mit den Kunstwerken eines professionellen Künstlers, der seinen ganz eigenen Stil gefunden hatte und diesem treu blieb. Wäre da nicht Tims Signatur auf den Leinwänden gewesen, hätte man als Betrachter auf den ersten Blick kaum einen Anhaltspunkt dafür gefunden, dass diese Werke von ein und demselben Maler stammten. Bei dem einen, es zeigte eine sitzende Menschengestalt, hatte er die gesamte Bildfläche in Abschnitte unterteilt, als ob sie aus Bauklötzen bestünde. Ein Hingucker für all diejenigen, die sich zu weiblichen Rundungen hingezogen fühlen, war das nächste Gemälde, für das Anna ihm nackt Modell gestanden hatte, auf dem eine Statue noch unvollendet aus einem Felsen ragte. Und wanderte der Blick wieder eine Leinwand weiter, traf er scheinbar erneut auf etwas ganz anderes, dieses Mal auf eine gemalte, farbenprächtige Kombination aus Mosaik und Puzzle. Doch so unterschiedlich der Eindruck der einzelnen Bilder auf den Betrachter anfangs auch ausfallen mochte, hatte sich dieser erst einmal eingehender mit den Bedeutungen des Gezeigten auseinandergesetzt, so gelangte er unweigerlich zu der Erkenntnis, dass sich die Werke inhaltlich sehr stark ähnelten und sich gegenseitig ergänzten. Jedes von ihnen thematisierte das Menschsein und das Spannende, Rätselhafte oder Geheimnisvolle, das der Existenz innewohnte. Die Gestalt aus Bauklötzen hielt eines ihrer formgebenden Teile in der Hand, um es zu untersuchen, die unvollendete Statue haute sich eigenhändig aus dem Stein und formte sich selber, sogar die Puzzleteile waren – wenn man genauer hinsah – wie kleine Menschenfiguren geformt, jedes einzelne wie ein kleines Unikat aus einem bunten Mosaik zusammengesetzt und zu einem größeren Ganzen miteinander verbunden. Diese Werke waren eine Liebeserklärung an die menschliche Individualität und Vielfalt sowie ein Plädoyer für gegenseitige Toleranz und Wertschätzung. Sie sollten den Betrachter dazu motivieren, seine Einzigartigkeit zum Wohle aller zu ergründen und zu leben.

In der Malschule wollte er seinem Lehrer unbedingt beweisen, dass er das Zeug zu einem Profi hatte und legte sich so richtig ins Zeug. Schnell machte er beachtliche Fortschritte in der freien Malerei und im Zuge dessen auch in der Weiterentwicklung seines ganz eigenen Malstils. Ganz besonders ein Bild, welches er im Unterricht in einer Mischtechnik angefertigt hatte, auf dem das Gesicht eines älteren Mannes zu sehen war, beeindruckte nicht nur die Mitschüler, sondern auch den Meister. Ein paar Wochen später zeigte seine Mutter ihrer Freundin ein Foto dieses Bildes, woraufhin sich diese sofort nach dem Preis erkundigte. Und so kam es dann auch: Tim hatte sein erstes Bild verkauft.

Gesichter, Landschaften oder Ähnliches zu malen und Lob dafür zu ernten, das war alles schön und gut, aber sein Herz schlug nun mal für diese eine spezielle künstlerische Ausdrucksform, die Allegorie. Tim brannte zunehmend darauf, mit seinem Meister auch über dieses Thema zu sprechen. Die Meinung eines Profis zu seinen Werken daheim hätte ihn zudem ungemein interessiert. Doch es war sonderbar und irgendwie unbefriedigend für ihn: Da ging er schon in eine Malschule, aber während des Unterrichts, in dem es nicht selten zuging wie in einem Hühnerstall, war es gefühlt unmöglich, auf sein Anliegen zu sprechen zu kommen, zumal Tim nicht zu den Typen gehörte, die besondere Aufmerksamkeit beanspruchen. Trotzdem beschloss er, in die Offensive zu gehen, schließlich zahlte seine Mutter Geld für diesen Kurs. Einmal, zum Ende des Unterrichts, als sich die Gruppe langsam auflöste, witterte er eine günstige Gelegenheit, sich den „Hahn" zu schnappen. Tim erzählte ihm von den Bildern, die er parallel zum Malunterricht angefertigt hatte und versuchte über diesen Weg herauszufinden, wie Walter über die Kunst der Allegorie dachte. Sah auch er das gewaltige Potenzial für die Erschaffung nie dagewesener Bildkompositionen? Oder war er möglicherweise auch wie viele andere Künstler, von denen er gelesen hatte, der Ansicht, die Allegorie sei altmodisch und tot? Tim hatte das Gefühl, dass Walter mit diesem Begriff gar nichts anzufangen wusste. Er bat Tim lediglich, ihm Fotos der besagten Malereien per E-Mail zuzusenden, was er tags darauf sofort tat. Tim erhielt nie eine Antwort. Zu seiner Enttäuschung kam Walter in den nächsten Unterrichtsstunden kein einziges Mal auf seine E-Mail, geschweige denn auf das Thema zurück. Tim ließ es auf sich beruhen.

Doch auch abseits der Kunst stand die Zeit nicht still, und gerade als Tim mit seiner Malerei so richtig Fahrt aufzunehmen schien, läuteten zwei kleine Punkte auf einem Ultraschallbild einen spannenden neuen Lebensabschnitt ein. Anna und Tim erwarteten Zwillinge. Mädchen. Zweieiig, wie sich später herausstellen sollte. Tim und Anna hatten das schon verstanden, was man ihnen da verkündet hatte, aber anfangs nicht wirklich begriffen. Anna dachte zuerst sogar an einen Scherz des Arztes. Dann folgte ein Schockmoment. Mal sehen, ob's überhaupt klappt, hatten sie sich seinerzeit gesagt. Und jetzt sollten es direkt zwei auf einmal sein? Damit hatten sie bei ihrer Familienplanung nun wahrlich nicht gerechnet. Anna hatte keine Ahnung, wie sie das stemmen sollte. In den darauffolgenden Tagen gewann dann aber doch in ihnen mehr und mehr ein Glücksgefühl die Oberhand; der Ausnahmezustand hielt trotzdem weiter an. Kinder zu haben, wie oft hatte man sich das schon versucht vorzustellen? Ein gutes Zureden von den enkelgeilen Müttern hier, ein nebenbei eingeflochtenes Nachfragen da. Aber Eltern, das waren gefühlt irgendwie immer nur die anderen, und mit jedem weiteren Jahr war es ihnen zunehmend so vorgekommen, als ob dieses Lebensmodell vielleicht gar nicht für sie vorgesehen war. Natürlich wollte Tim während der Schwangerschaft so gut und so oft wie möglich für Anna da sein, und weil er nun vermehrt zu Hause gebraucht wurde, beendeten seine Mutter und er den Unterricht bei dem Meistermaler, von dem Tim ohnehin ein bisschen enttäuscht war. Um im ersten Jahr die Zwillinge gemeinsam betreuen zu können, beschlossen Anna und Tim, beide in Elternzeit zu gehen, einer musste sich ja schließlich auch um Momo kümmern. Das dadurch entstehende finanzielle Loch konnte glücklicherweise mit ihren Ersparnissen einigermaßen gestopft werden. Der Gedanke daran, ein ganzes Jahr nicht im Büro erscheinen zu müssen sowie die Aussicht auf die bevorstehenden Erlebnisse daheim mit den Babys und den einhergehenden neuen Erfahrungen, erfüllte Tim mit riesiger Vorfreude. Nachdem er den entsprechenden Antrag bei seinem Vorgesetzten gestellt und dieser ihn zähneknirschend genehmigt hatte, wurden Tim und sein Abteilungsleiter ein paar Tage später in das Büro des Geschäftsführers zu einer Besprechung gebeten. Im Folgenden erhielt Tim die Information, dass eine umfangreiche Umstrukturierung seiner Abteilung bevorstand. Seine bisherigen Tätigkeiten sollten nicht, wovon er eigentlich ausgegangen war, innerhalb der Abteilung vertretungsweise aufgeteilt, sondern komplett an einen anderen Bereich abgegeben werden. Nach seiner Rückkehr erwarteten ihn andere Aufgaben, er würde enger seinem Abteilungsleiter zuarbeiten müssen und ihn auf Außeneinsätzen begleiten. Dieser Plan passte Tim ganz und gar nicht. Sein Job war ihm zwar zuwider, aber zumindest hatte er bislang überwiegend eigenständig arbeiten können. Hinzu kam, dass er zusätzlich zu seinem Tagesgeschäft nun jeden Handgriff, jedes noch so kleine Detail seiner bisherigen Tätigkeit als Prozessbeschreibungen dokumentieren musste, um anschließend die einzelnen Inhalte mittels Schulungen an die neuen Verantwortungsbereiche ordnungsgemäß übergeben zu können. Tim wusste aber, dass er nach seiner Rückkehr kein Anrecht auf dieselbe Stelle hatte, nur auf eine ähnliche und er versuchte, seinen Unmut zu verbergen. Er wollte sich nur noch in die Elternzeit retten und dann weitersehen. Was konnte in einem Jahr nicht alles passieren? Vielleicht würde er dann schon ein berühmter Künstler und nicht mehr auf seine ungeliebte Stelle angewiesen sein.

Während sich sowohl das Berufliche als auch das Private einem Wandel unterzog und er sich auf beiden Seiten mehr denn je in die Pflicht genommen fühlte, bemühte sich Tim, allem möglichst gerecht zu werden. Vor der Geburt der Zwillinge musste auch sein Atelier unter dem Dach dem Projekt „Nestbau" weichen. Anna und Tim beabsichtigten, zukünftig hier zu nächtigen, da sich nur ihr derzeitiges Schlafzimmer in ein sicheres und komfortables Kinderzimmer umwandeln ließ. Für seine ganzen Malsachen stand in der Doppelhaushälfte kein Platz zum Ausweichen zur Verfügung, daher verstaute Tim den Großteil davon im Keller. Anstelle von Leinwänden strich er nun das Zimmer für die Kinder neu und bemalte die Wände mit schönen Tiermotiven. Tim wollte es sich aber nicht nehmen lassen, weiterhin in seine eigene Welt abtauchen zu können. So viele Jahre hatte er als Suchender gelebt und jetzt, wo er glaubte, es in der Kunst gefunden zu haben, war es ihm unmöglich, davon loszulassen, und er fühlte geradezu eine Pflicht, zumindest zu versuchen, in seinem Kopf weiter am Ball zu bleiben. Zum Leidwesen seiner gesundheitlichen Verfassung, um die es aufgrund seiner Lebensweise ohnehin nicht besonders gut bestellt war, gönnte er sich in dieser Zeit so gut wie keine Ruhephasen. Sein nächtlicher Schlaf fiel regelmäßig zu kurz aus, er trank fast ausschließlich Kaffee und kiffte in seiner Freizeit, als ob es kein Morgen gäbe.

Eines späten Freitagabends, Anna hatte sich schon ins Bett gelegt, saß Tim wieder einmal am großen Esstisch in der Küche, auf dem diverse Skizzen und Notizen ausgebreitet waren. Längst hätte auch er abschalten und sich entspannen sollen, doch immer noch grübelte er verbissen über dies und das, über Formulierungen für seine Aufzeichnungen, sein nächstes Kunstprojekt, das *Gedanken-All* und vieles mehr, als sein Körper und Geist ihm zum ersten Mal aufzeigten, dass es in dieser Form nicht mehr so weitergehen konnte. Von jetzt auf gleich wurde ihm ganz schummrig. Seine zwanghaften Grübeleien wuchsen ihm über den Kopf, er konnte keinen klaren Gedanken mehr fassen, als ob in seinem Denkapparat soeben eine Sicherung durchgebrannt war. Ausgehend vom Bauch verspürte er eine Beklemmung, die immer unangenehmer wurde. Tim fühlte sein Herz heftig pochen, schneller und schneller. Er bekam es mit der Angst zu tun und befürchtete, es könne jeden Moment aufhören zu schlagen. Er musste sich beruhigen, irgendwie. Tim versuchte, an etwas Schönes zu denken, er brauchte einen positiven Erlebnisfetzen, an dem er sich festklammern konnte, der ihn ablenkte, sodass er sich nicht noch weiter in seine Angst hineinsteigerte. Aber es klappte nicht. Jeder Gedanke überforderte ihn. Jetzt bekam er richtig Panik. Benommen und wackelig auf den Beinen griff er zum nächsten Stuhl und schob ihn an die Spüle, die ihm etwas Sicherheit gab. Er hielt seinen Kopf unter den kalten Wasserhahn. Zwar verschaffte ihm die Kälte leichte Milderung, und das Geräusch des laufenden Wassers hatte eine beruhigende Wirkung auf ihn, doch die Panik wollte nicht weichen. In jener Nacht kniete er noch geschlagene drei Stunden mit Todesangst auf dem Stuhl am Spülbecken, bis er sich imstande fühlte, auch endlich ins Bett zu gehen.

Am nächsten Morgen schien alles wieder normal zu sein. Beim gemeinsamen Frühstück mit Anna erwähnte Tim mit keinem Wort, wie elendig es ihm noch vor ein paar Stunden erst ergangen war. Aber nicht nur das, eigentlich machte er auch genauso weiter, als ob nichts gewesen wäre. Er schnappte sich Momo für ihre morgendliche Runde, und wie er es immer tat, nahm er sich für unterwegs zwei seiner Joints mit. Nachdem er sich draußen den ersten angesteckt und nur ein paar wenige Züge genommen hatte, merkte er, wie ihn erneut dieses fiese Unbehagen heimsuchte. Da war sie wieder, die Panik! Zwar abgeschwächter als jene in der Nacht, aber er bereute sofort, dass er seine alte Gewohnheit so leichtsinnig wieder aufgenommen hatte. Selbst nach diesem Vorfall wollte er einfach nicht wahrhaben, dass es für ihn nicht nur höchste Zeit war, mit dem Kiffen aufzuhören, sondern auch seine ganze Lebensweise umzustellen. Und so ließ die die dritte Panikattacke nicht lange auf sich warten. Dieses Mal passierte es im Beisein von Anna und seiner Mutter, die nicht lange zögerten und den Notruf wählten. Während der Fahrt im Krankenwagen, mit seiner Frau an seiner Seite, versetzte sich Tim in Annas Lage, und ihn überkamen große Schuldgefühle. Musste er ihr ausgerechnet jetzt in ihrer Schwangerschaft noch zusätzliche Sorgen bereiten? Was tat er ihr da nur an? Im Krankenhaus konnte man zu ihrer Erleichterung zwar keine körperliche Ursache für die Beschwerden finden, sodass sie am selben Abend wieder nach Hause durften, trotzdem war Tim klar, dass er von nun an einen gesünderen Weg einschlagen musste. Um keinen Preis wollte er das noch einmal erleben und seiner Frau zumuten. Es war allerhöchste Zeit, seiner Verantwortung als Ehemann und angehender Vater gerecht zu werden. Anna sollte sich in Zukunft voll und ganz auf ihn verlassen können. Dieser Moment war wie ein Stoppschild, welches ihn förmlich dazu zwang, endlich die Kurve zu kriegen. Tim begann, kürzer zu treten, auf seinen Körper zu hören und auf seine Ernährung zu achten – auch schaffte er es tatsächlich, vom Gras seine Finger zu lassen.

Mit dem immer näher rückenden Jahresende neigte sich auch die Schwangerschaft mehr und mehr dem Ende zu. Der Entbindungstermin war für die zweite Woche des neuen Jahres ausgerechnet worden, und Tim fuhr Anna einen Tag vor Silvester für eine Kontrolluntersuchung in die Klinik. Alles schien in bester Ordnung, Anna war gerade im Begriff, sich wieder anzuziehen, als sie doch noch zum Warten aufgefordert wurde. Man hatte festgestellt, dass die Plazenta so gut wie aufgebraucht und damit die Versorgung der Zwillinge nicht mehr sichergestellt war. Sie mussten früher geholt werden, spätestens übermorgen, aber am besten bereits am nächsten Tag. Anna und Tim fühlten sich zwar völlig überrumpelt, doch jetzt sollte es zum Wohle der Kinder schnell gehen und ihnen war klar, dass sie sich direkt am nächsten Morgen wieder in der Klinik einzufinden hatten. Und so kam es, dass Anna genau am letzten Tag des Jahres in den Kreißsaal gebracht wurde und zwei rundum gesunde Mädchen zur Welt brachte, die sie Lisa und Sarah nannten. Tim durfte in der ersten Nacht bei ihnen im Zimmer schlafen, welches sich in der 8. Etage der Klinik befand und eine beeindruckende Aussicht über die Stadt zu bieten hatte. Ihre Hochzeit vor ein paar Jahren war ja schon überwältigend schön gewesen, unter klarblauem Himmel auf dem Rhein vor der Kölner Skyline, aber diese Nacht, in der Tim abwechselnd – noch unbeholfen und übervorsichtig – mit einer seiner Töchter auf dem Arm am Fenster stand, vor dem unzählige Raketen in allen Farben explodierten, schien ihm mehr einem Märchen entsprungen als dem wirklichen Leben.

Kapitel Sechs

Es ist schon eine ereignisreiche Weile her, dass ich das letzte Mal meine Gedanken niederschrieb und das erste Mal den Punkt genauer unter die Lupe nahm. Er wirkt unscheinbar, wird leicht übersehen, aber so ausgefüllt und erfüllend zugleich die letzten Monate auch waren, wieder und wieder bin ich gedanklich bei ihm gelandet, mal auf direktem Wege, doch noch viel öfter unabsichtlich über Umwege. Im Nachhinein wundert es mich nicht. So ein Punkt kann sich nun einmal sehr klein machen, er passt überall mit Leichtigkeit hinein, selbst in die abgelegensten Winkel, und ist der Fokus erst einmal auf ihn gerichtet, ist er auch an jeder Ecke zu finden. Verwunderlich sind nur die mannigfaltigen Gedankengänge, die in Verbindung damit bei mir ausgelöst wurden und mir eine ganz neue bereichernde Klarheit schenkten. Was abgeschlossen oder für mein Leben bedeutungslos erschien, das mitunter weit Zurückliegende, wurde plötzlich wieder präsent und relevant für das Kommende.

Was habe ich mir seit meiner Schulzeit den Kopf darüber zerbrochen, welches Fach zu mir passt, in Schubladen gedacht, um mich einzuordnen, aber keine Schubfächer gefunden, deren Fachmann ich werden wollte. Durch meine verkrampfte Suche nach dem einen Fach, habe ich mir den Inhalt der anderen nicht genauer angeguckt, geschweige denn irgendein Gesamtbild gesehen. Mir ist bekannt, durch reines Schubladendenken bleibt mir nicht nur die fächerübergreifende Sicht oftmals verwehrt, sondern ich neige auch dazu, vorschnell einzuordnen oder gar alles in eine Schublade zu stecken. Aber käme ich gänzlich ohne diese aus? Käme ich ohne Fachkräfte aus? Wohl kaum, meine geistigen Fähigkeiten sind begrenzt, und wie ich die Fachkraft zweifelsohne dringend brauche, benötige ich doch Fächer und Unterteilungen zwecks Einordnung und Abgrenzung. Wie wüsste ich beispielsweise sonst, wo der Lehrplan liegt, anfängt und aufhört? So wie es aber Dinge gibt, die man einfach nicht in eine Schublade stecken kann, war auch ich für ein spezielles Fach vermutlich nie geeignet, und auch das, wonach ich immer suchte, war vielleicht in gar keinem Fach zu finden, sondern lag dazwischen. Wäre ich beispielsweise der geborene Maler, hätte ich dann nicht schon viel früher meine Leidenschaft für die Malerei entdecken müssen?

Schubladendenken, Schulfächer, Fachkräfte, fächerübergreifende Sicht- oder Denkweise – was das Ganze mit dem Punkt zu tun hat? Auch wenn ich weiß, dass ich mit meinem begrenzten Horizont niemals in der Lage sein werde, mir ein Gesamtbild des *Großen Ganzen* zu machen und es bei mir immer nur zu einem Teilbild reichen wird, glaube ich, dass der beste Ansatz für eine möglichst ganzheitliche Sicht beim Punkt zu finden ist. Ja, wie sonst könnte ich schneller zu dem Strich gelangen, der in einem Zug annähernd alles zu einem Ganzen verbindet, wenn nicht über den Punkt? Ist es nicht schon seit Anbeginn meiner Zeit der Punkt gewesen, der auf eine ganz besondere Art und Weise den Geist angeregt, meine Phantasie entfacht, meinen Horizont erweitert und mich über mich hinaus hat wachsen lassen? Als kleines Kind habe ich aus dem i-Punkt ein Herz geformt. Habe ich ein Zahlenbild vor mir gehabt, musste ich die Punkte verbinden. Mit Strichen habe ich auch die Lichtpunkte am Nachthimmel zu Sternbildern verbunden, die mir sogar dabei halfen, mich zu orientieren, an Land und besonders auf hoher See. Um mich herum habe ich viele Kreise gesehen, aber nur von einem Punkt ausgehend, habe ich es geschafft, einen vollkommenen Kreis zu bilden oder eine Kugel zu formen.

Ich weiß nicht, was es war, doch ganz gleich, ob ein einzelner Punkt für einen Stern, der Mittelpunkt eines Kreises oder der Anfangspunkt eines Striches: Im ersten Punkt, den ich bewusst gesetzt habe, um etwas darzustellen oder zum Ausdruck zu bringen, wurzeln die Urzeichen und Ursymbole, die wiederum die Grundlage für die Schrift waren, meine vielleicht größte Erfindung. Aus der Erfindung der Schrift ist die Gründung der ersten Schule hervorgegangen, um die Schrift zu lehren und zu lernen. Aus diesem Grund lerne ich auch heute noch zuerst Lesen und Schreiben. Da ich nahezu alles Gelernte im Laufe meines Daseins aufgeschrieben und in Schubladen gesteckt habe, erhalte ich in der Regel nur über die Schrift den tieferen

Zugang zu den Fächerinhalten. Alles zusammengenommen: Was auch immer sich auf Zeichen-, Symbol-, Schrift-, oder Bildebene angesammelt hat und aus meinem Leben schon lange nicht mehr wegzudenken ist, die Zahlen an der Tafel, die Noten im Musikheft, die Mona Lisa im Museum oder das Fachbuch in der Schublade, hängt mit dem Punkt zusammen, sogar die Schule und die Fächer.

Im Wörterbuch lassen sich mehrere Definitionen für den Punkt finden: Ein Fleck oder Tupfen, ein geometrisches Gebilde ohne Ausdehnung oder auch ein Kreis mit dem Radius Null, ein Ort oder eine Stelle, ein bestimmter Moment sowie ein Stadium innerhalb einer Entwicklung, ein Absatz in einem Vortrag, ein Thema einer Sitzung oder einzelner Gegenstand der geistigen Auseinandersetzung innerhalb eines größeren Zusammenhangs, eine Einheit einer Wertung oder die kleinste Einheit im Druckwesen. Was ich heute als Punkt bezeichne und ursprünglich eigentlich nur einen Einstich benannte (lateinisch *punctum*), hat im Laufe der Geschichte ein beachtliches Bedeutungsspektrum erlangt. Dieser Prozess ist – wie die gesamte Entwicklung der Sprache und Schrift – mit meiner Entwicklung untrennbar verbunden. Unterschiedliche Punkte in Hülle und Fülle sind im Zuge dessen entstanden, da gibt es den Drehpunkt, Angelpunkt, Lagepunkt, Liegepunkt, Grenzpunkt, Schwachpunkt, toten Punkt, Blickpunkt, Auslassungspunkt, wunden Punkt, Themenpunkt, Kritikpunkt, Aufzählungspunkt, Lichtpunkt, Schnittpunkt, Ausgangspunkt, Röstpunkt, Knackpunkt, Druckpunkt, Gefrierpunkt, Satzpunkt, Randpunkt, Reibungspunkt, Mittelpunkt, Höhepunkt, Tiefpunkt, Standpunkt, Knotenpunkt, Kontrapunkt, Pluspunkt, Minuspunkt, Kontrollpunkt, Stützpunkt, Dollpunkt, Schwellenpunkt, Anhaltspunkt, Fixpunkt, Fluchtpunkt, Treuepunkt, offenen Punkt, Berührungspunkt, Streitpunkt, Anklagepunkt, Siedepunkt, Gefahrenpunkt, Prozentpunkt, Quantenpunkt, Energiepunkt, Gabelpunkt, Rastpunkt, Ansatzpunkt, Haltepunkt, Akupunkturpunkt, G-Punkt, Kostenpunkt, Basispunkt, Mikropunkt, Makropunkt, Bruchpunkt, Zeitpunkt, Endpunkt, Omegapunkt, Abkürzungspunkt, Schwerpunkt, Startpunkt, Gesichtspunkt, Referenzpunkt, Nebenpunkt, Unterpunkt, Hauptpunkt, Oberpunkt, Hochpunkt, Tiefpunkt, Zielpunkt, Nullpunkt, Brennpunkt, Strafpunkt, Glanzpunkt, Bezugspunkt, Eckpunkt, Sattelpunkt, Aussichtspunkt, Raumpunkt, Schlusspunkt, Wendepunkt, dunklen Punkt, springenden Punkt, Menüpunkt, Doppelpunkt, Dreifachpunkt, Vierfachpunkt und so weiter und so fort. Ich glaube, nicht viele Begriffe verfügen über eine solche Vielfalt an Unterbegriffen, und auch wenn mit Sicherheit noch viele weitere hinzukommen werden, hat dieses Wort *Punkt* trotzdem heute schon Einzug in so gut wie jedes Fachgebiet gehalten.

Schaue ich mir all diese Unterbegriffe und unterschiedlichen Definitionen genauer an, fällt auf, dass etliche Bedeutungen sehr weit auseinander liegen, mitunter soweit, dass ein Punkt genau das Gegenteil eines anderen bedeutet. Er kann zum Beispiel der Anfang und das Ende sein, unsichtbar und sichtbar, klein und groß, untergeordnet und übergeordnet, dunkel und hell, positiv wie negativ. Es gibt auch andere Begriffe in der deutschen Sprache, die fast universell einsetzbar sind und Gegensätzliches bedeuten können. Ein *Ding* beispielsweise darf sehr vieles sein, aber nicht alles. *Etwas* kann eigentlich fast alles sein, aber eines ganz sicher nicht, nämlich das Nichts. Doch erstaunlicherweise ist es gerade der *Punkt*, der sich zu einer Art Allzweck- oder Universalbegriff entwickelt hat. Nicht *eindeutig, zwei-* oder *doppeldeutig* und *mehrdeutig*, selbst das Adjektiv *vieldeutig* reicht nicht annähernd aus, um diesem Phänomen gerecht zu werden. In einer Planung, einem Gespräch, einem Gedankengang – oder was auch immer – darf ein Punkt symbolisch für alles Erdenkliche stehen, auch für alles zusammen oder für das Nichts. Hinter einem übergeordneten Punkt kann sich sogar sein Antonym *Strich* verbergen, der mehrere untergeordnete Punkte, die miteinander verbunden sind, zusammenfasst, zum Beispiel Zeitpunkte auf einer Zeitleiste. Damit besitzt dieses Juwel im Wortschatz eine Eigenschaft, für die ich in der deutschen Sprache noch gar kein Wort erfunden habe. Der Begriff *Punkt* verdient das Attribut *alldeutig*. Alles hat mit dem Punkt zu tun, weil ein Punkt alles sein kann.

Was mir das bringt? Ich bin nicht „vom Fach", doch vielleicht ist gerade das auch der Grund, warum ich einem kleinen Punkt so große Bedeutung beimesse. Kann es für die Erlangung eines breiteren Horizonts nicht nur von Vorteil sein, in der Vorstellung ein Mittel zur Verfügung zu haben, mit dem man alles darstellen, fassen und Verschiedenes verbinden kann, das zwar Unterteilungen, aber keine Grenzen kennt, und, bei dem Versuch, mir ein annäherndes Bild vom *Großen Ganzen* zu machen, hilfreich ist, über so manche Abgrenzung hinweg zu sehen?

Kapitel Sieben

Obwohl die Geburt seiner Kinder nun schon ein paar Monate zurücklag und es sich hierbei um einen ganz natürlichen Vorgang handelt, konnte Tim es immer noch nicht fassen, dass er jetzt ein Papa war und noch dazu gleich von Zwillingen. Es kam ihm so vor, als hätte mit dem Nachwuchs nicht nur ein ganz neuer Lebensabschnitt für ihn begonnen, es fühlte sich obendrein unwirklich an, fast so, als würde er das Leben eines anderen leben. Keine Sekunde bereute er es, ebenfalls in Elternzeit gegangen zu sein, um sich gemeinsam mit seiner Frau um die Betreuung von Lisa und Sarah zu kümmern – eine Entscheidung, für die sie von Außenstehenden viel Zuspruch und Anerkennung ernteten. Auch für Anna war seine tägliche Anwesenheit eine große Entlastung. Unterm Strich schlug er sich tapfer bei den vielen Aufgaben, die kleine Kinder nun einmal mit sich bringen. Er machte es gerne und drückte sich nicht davor, Windeln im Akkord zu wechseln, zu Füttern oder Wäsche zu machen, bei Themen wie Kinderkleidung, Krabbelgruppe oder der Suche nach einem Kindergartenplatz schwächelte er jedoch. Natürlich machte ihnen der Schlafmangel richtig zu schaffen, hin und wieder hatten sie auch Sorge, der großen Verantwortung vielleicht nicht gewachsen zu sein oder Angst, etwas falsch zu machen, aber all das wurde durch die damit einhergehende Freude, die wunderbare Entwicklung der Kleinen miterleben zu dürfen, größtenteils in den Hintergrund gedrängt.
Anders als bei den zahlreichen Besuchern in diesen ersten Tagen zu Hause, die fast ausnahmslos Schwierigkeiten hatten, Lisa und Sarah auseinanderzuhalten, obwohl sie keine eineiigen Zwillinge waren, zeichnete sich für Anna und Tim von Anfang an ab, dass sie da – in vielerlei Hinsicht – zwei sehr unterschiedliche Mädchen in den Armen hielten. Lisa war etwas zarter besaitet und gebaut, zudem viel ruhiger als Sarah, die vor Kraft und Energie nur so strotzte. Auch Momo ließ vom ersten Tag an keine Zweifel aufkommen, dass sie die ideale Besetzung des Familienhundes war. Sie zeigte nicht die geringsten Anzeichen

von Eifersucht, neugierig suchte sie sogar oft die Nähe der Zwillinge und ging ganz behutsam, geradezu fürsorglich mit dem Familienzuwachs um.

Gefühlt verstrichen die Wochen im Eiltempo, und je weiter seine ungeliebte Büroarbeit in die Ferne rückte und je mehr er sich in dieser anfangs völlig ungewohnten Vaterrolle zurechtfand, desto weniger konnte Tim sich vorstellen, jemals wieder an seinen Arbeitsplatz zurückzukehren. Verglichen mit seiner beruflichen Tätigkeit war für ihn das, was er hier leistete, wirklich von Bedeutung. Doch der familiäre Plan sah nun einmal vor, dass er – falls es mit seinem geheimen Künstlertraum nicht klappen sollte – direkt im Anschluss seiner Elternzeit und Anna mit Beginn des Kindergartens wieder ins Arbeitsleben einsteigen mussten, schließlich reichten ihre Rücklagen nicht aus, um ewig ihre finanziellen Löcher stopfen zu können.

So schön und aufregend dieser neue Lebensabschnitt auch war, nach wie vor gab es da einiges, das Tim daran hinderte, diese Phase in vollen Zügen auszukosten. Gras rauchte er zwar nicht mehr, davon weg war er aber noch lange nicht. Mehrmals täglich dachte er zurück an die Zeit des unbeschwerten Kiffens. Es fehlte ihm so sehr, dass er nachts sogar davon träumte, und wären da nicht die fürchterlichen Panikattacken gewesen, hätte er es wohl niemals geschafft, darauf zu verzichten. Seitdem er die Finger davon gelassen hatte, waren diese glücklicherweise ausgeblieben. Als Kompensation gönnte er sich von nun an hin und wieder eine kleine Pause, setzte sich auf die Treppenstufen des Hauseingangs und qualmte eine seiner selbstgedrehten Zigaretten, die zumindest aussahen wie Joints.

Außerdem hatte er sich ja diese leisen, aber großen Hoffnungen gemacht, im Laufe der Elternzeit seine Kunstfertigkeit auf ein professionelles Level heben zu können, sodass er nie wieder ins Büro zurückkehren müsste. Einen Strich durch die Rechnung machte ihm aber nicht nur der ihm kaum zur Verfügung stehende Freiraum, ohne das Kiffen fehlte ihm zudem etwas ganz Entscheidendes, die Lust am Malen. Es war nicht mehr dasselbe. Auch die vielen Bilderideen, die er mal im berauschten Zustand für richtig gut befunden und deshalb aufgeschrieben hatte,

konnten ihn – nun nüchtern – nicht mehr vom Hocker reißen, geschweige denn seinen Schaffensdrang wiederbeleben.
Er wusste, dass sich hier nichts erzwingen ließ und ihn beschlich zunehmend die Befürchtung, den Künstler in ihm begraben zu müssen.
Es zog ihn aber nach wie vor stark in seine Innenwelt, denn seine Lust aufs Sinnieren oder Philosophieren war ungebrochen, doch da sich derzeit nahezu alles rund um die Uhr um die Kinder drehte, hatte Tim zumeist nur in seinen Zigarettenpausen oder während er auch mal alleine mit Momo durch die Wälder streifte und abends vor dem Schlafengehen die Gelegenheit, in Ruhe ins Innere einzukehren und ein paar Zeilen niederzuschreiben. Da waren diese Überlegungen hinsichtlich einer Einführung einer Zusammenhangslehre in der Schule, um parallel und in Abstimmung zu den bestehenden Schulfächern eine ganzheitliche oder fächerübergreifende Sichtweise zu fördern. Dieser Gedanke, der ihm erstmals im Laufe seiner Selbstschulung nur beiläufig gekommen war, ließ ihn einfach nicht mehr los, und was er anfangs für ganz zweckmäßig gehalten hatte, erschien ihm nun immer wichtiger, je öfter er darüber nachdachte. Wie oft hatte er sich schon Gedanken über die Entwicklung der Gesellschaft gemacht, sie kritisch hinterfragt und überlegt, wie oder wo man sinnvoll ansetzen konnte, um einen positiven Einfluss auf diese zu nehmen, aber entweder waren seine Grübeleien ergebnislos geblieben oder hatten in Utopie geendet. Ihm war klar, auch eine Zusammenhangslehre in der Schule wäre mitnichten die Lösung für alle menschengemachten Missstände, aber irgendetwas sagte ihm und pochte geradezu darauf, dass es sich hierbei um eine sehr bedeutende Stellschraube handelte. Zum einen überlegte er, wie man diesen Unterricht am besten strukturieren könnte, zum anderen, welche Auswirkungen diese Reform hätte. Mehr Gewicht auf die ganzheitliche Sichtweise würde doch zwangsläufig zu weniger Schubladendenken führen, was sich wiederum in vielen Bereichen positiv bemerkbar machen sollte, nicht nur für die Meinungsbildung, sondern auch für den allgemeinen Umgang miteinander. Je breiter und klarer das Blickfeld, desto ausgeprägter und sensibilisierter ist zudem das

Umweltbewusstsein. Außerdem ist es einer Zusammenhangslehre möglich, ungeliebte Fächer in ein interessanteres Licht zu rücken und Verknüpfungen herzustellen, die helfen, Lernstoff besser in Erinnerung zu behalten, dachte er. Kurzum: Ein fächerübergreifender Unterricht war für Tim die Horizonterweiterung schlechthin.

Doch da war noch weitaus mehr, was er in diesem Zusammenhang sah. Wenn es doch so viele Menschen gibt, die sich nur für eine bestimmte Fachrichtung berufen fühlen, ist es dann nicht sehr wahrscheinlich, dass es auch einige Menschen geben müsste, deren Bestimmung oder Spezialität es ist, fächerübergreifend tätig zu sein, Zusammenhänge zu erkennen und eine ganzheitliche Denkweise innerhalb der Gesellschaft voranzutreiben? Wegen dieser Stärke wurden früher die Philosophen zu Rate gezogen, doch es machte auf ihn den Eindruck, als hätten sie diesen Status über die Jahre verloren. Tim war fest davon überzeugt, dass es auf diesem Gebiet eine Menge Talent und Entwicklungspotenzial gab, das nur darauf wartete, endlich gefördert und genutzt zu werden.

Und dann war da auch noch dieser imaginäre Kosmos der Punkte. Diese Visualisierung übte eine seltsame Faszination auf ihn aus. Er spürte, dass sie zu irgendetwas nütze sein würde. Während seiner Überlegungen hierzu, kam ihm unter anderem der sogenannte *Gedächtnispalast* in den Sinn, doch verglichen mit diesem, sah er in seinem *Gedanken-All* keine weitere Mnemotechnik, die darauf abzielt, komplexe Informationen zu speichern. Er glaubte, es diene vielmehr dem Zweck, sich eben dieser ganzheitlichen Sichtweise zu nähern. Welchen konkreten Nutzen er aus seiner Visualisierung ziehen konnte, oder ob diese Technik in irgendeiner Weise für einen fächerübergreifenden Unterricht taugen könnte, dahinter stand für ihn aber noch ein großes Fragezeichen.

Wenig war das nicht, was seine Gedanken dieser Tage gefangen hielt, neben all den Dingen, die einem frischgebackenen Vater naturgemäß schon durch den Kopf gehen. Außerdem konnte er dem zunehmend stärker werdenden Bedürfnis nicht nachkommen, seine Überlegungen mit jemandem zu teilen. Die

Alldeutigkeit des Punktes, die Zusammenhangslehre und das *Gedanken-All*, diese abstrakten Themen passten einfach nicht in die übliche Unterhaltung im Kreise der Familie. Und seine Freunde bekam er kaum noch zu sehen oder zu sprechen, seitdem er Vater geworden war. Ab und zu bot sich auf den gemeinsamen Spaziergängen durch den Forstbotanischen Garten mit Anna die Möglichkeit, den einen oder anderen Gedanken anzuschneiden, bis in die Tiefe gelangten sie jedoch so gut wie nie, weil jedes Mal etwas dazwischen funkte. Oftmals fing eines der Kinder an zu weinen, mal klingelte das Handy, und wenn es das nicht war, dann irgendetwas anderes – es war wie verhext.

Einer dieser störenden Anrufe entpuppte sich als ein äußerst interessantes berufliches Angebot für Anna. Andrea, ihre gute Freundin und direkte Vorgesetzte in einer Person, berichtete ihr von umfassenden Umstrukturierungen, die schon seit langem in der Gerüchteküche der Firma brodelten und nun tatsächlich seitens der Geschäftsführung zeitnah in Angriff genommen werden sollten. Das Ganze hatte zwei Seiten: Auf lange Sicht entfiele im Zuge dessen Annas Teilzeitstelle als Sachbearbeiterin für Lohn und Gehalt. Zum Ausgleich würde auf sie eine Beförderung zur Personalreferentin mit wesentlich höheren Bezügen warten, sofern sie sich bereit erklärte, früher als geplant aus der Elternzeit ins Büro zurückzukommen. Nachdem Anna und Tim die Vor- und Nachteile diskutiert hatten, waren sie sich einig, dass sich so eine Gelegenheit im Leben nur selten bot, und sie beschlossen das Angebot anzunehmen. Anstelle von Anna müsste sich dann Tim vorrangig um die Betreuung der Kinder kümmern, da sie diese nur ungern einer Tagesmutter anvertrauen wollten.

Damit verfügte Tim auch über ein stichhaltiges Alibi, um endlich das zu tun, wozu ihm bislang immer der Mut gefehlt hatte: Er kündigte bei seinem Arbeitgeber. Er war sich dessen bewusst, dass er sich zu gegebener Zeit, wenn die Zwillinge in den Kindergarten kommen, nach etwas Neuem umschauen, Bewerbungen schreiben und Vorstellungsgespräche über sich ergehen lassen musste, Dinge, auf die er überhaupt keine Lust hatte.

Aber das lag ja noch in weiter Ferne. Wieso sollte er sich jetzt schon deswegen verrückt machen? Wie steht es doch so schön im „Kölner Grundgesetz": *Et kütt, wie et kütt und et hätt noch immer jot jejange.* Da er aber weiterhin auch einen finanziellen Beitrag zum familiären Lebensunterhalt beisteuern wollte, selbst wenn es nur ein kleiner war, spielte er mit dem Gedanken, sich zumindest einen Minijob zu suchen, dem er spät nachmittags oder abends nachgehen konnte, wenn Anna zu Hause war. So eine Beschäftigung machte sich nicht nur auf dem Kontoauszug gut, sondern bestimmt auch in seinem Lebenslauf.

Dann war es auch schnell soweit, Anna musste wieder zur Arbeit. Schweren Herzens verließ sie früh morgens das Haus. Sie hatte keinerlei Bedenken, Tim würde das in ihrer Abwesenheit schon gut alleine hinbekommen, aber natürlich wollte sie den Tag viel lieber gemeinsam mit ihrer Familie verbringen. Die Umstrukturierungen in der Firma waren in vollem Gange und die künftigen Aufgabenverteilungen oder Arbeitsabläufe noch nicht annähernd geklärt. In dieser Anfangsphase leistete Anna sehr viele Überstunden, und während sie sich mühsam in ihre neue Stelle einarbeitete, versuchte Tim, sich einen strukturierten Tagesablauf zu gestalten. Einmal in der Woche kam Klara für einige Stunden vorbei, um Tim zu unterstützen und natürlich, um ihre Enkelkinder zu genießen. Diese Treffen waren für Tim extrem wertvoll, nicht nur, weil er mal abschalten konnte, es waren vor allem die Gespräche mit ihr, die er ganz besonders genoss, während die Kinder ihren Mittagsschlaf hielten. An Gesprächsstoff mangelte es ihnen nie. Glaube, Philosophie oder Politik und natürlich Kunst, beim gemeinsamen Kaffeetrinken fanden sie immer ein – für beide Seiten gleichermaßen – interessantes Thema. In diesen Mittagspausen kam Tim auch endlich dazu, einmal in Ruhe zu erzählen, was ihm in letzter Zeit durch den Kopf ging, beispielsweise warum der Punkt für ihn so besonders oder die Zusammenhangslehre so wichtig war. Nur das *Gedanken-All* behielt er für sich, da er befürchtete, seine Mutter würde anschließend denken, ihr Sohn könnte vielleicht doch die eine oder andere Tüte zu viel geraucht haben.

„Und was hast du vor, wenn die beiden in den Kindergarten kommen? Willst du dir wieder im kaufmännischen Bereich was suchen? Oder schwebt dir etwas ganz Anderes vor?"
Irgendwie nervte Tim diese Frage. „Och du, ehrlich gesagt, da mach ich mir im Moment noch keinen Kopf, wird sich dann zeigen."
„Eigentlich habe ich da auch keine Bedenken bei dir, fang aber frühzeitig mit den Bewerbungen an!"
„Jaaa Mama!"
„Manchmal mache ich mir echt Vorwürfe, dass ich deine vielen Talente damals überhaupt nicht richtig gefördert habe. Zum Beispiel mit dem Fußball, da habe ich heute noch ein schlechtes Gewissen. Ich war bei keinem einzigen Spiel dabei. Die anderen Eltern haben immer von dir geschwärmt."
„Jetzt wo du's sagst, du warst echt nie da."
„Fußball war aber nie was für mich – bis heute. Da hätte dir Papa eher gutgetan. Aber auch dein künstlerisches Talent, die Leute stehen vor deinem Bild und fragen mich völlig verblüfft, das hat dein Sohn gemalt? Ich habe leider nie erkannt, was für eine enorme Begabung du da hast."
Tim versuchte seine Mutter aufzumuntern. „Ich glaube, das war damals auch nicht zu erkennen…nee Mama, es gibt überhaupt keinen Grund, dir irgendwelche Vorwürfe zu machen. Ich sehe ja jetzt auch, was für eine Arbeit das ist, zwei Kinder zu haben, und wir sind zu zweit. Du hast das ganz alleine gestemmt und noch Geld verdient. Ich finde, du warst und bist eine Supermama."
„Das ist schön, dass du das so siehst. You make my day!"
„Als ich klein war, klar gab es da oft Momente, in denen ich mir wünschte, Papa wäre da. Einmal kam er ja auch zu einem Spiel von mir, das werde ich nie vergessen. Ich weiß gar nicht, ob ich dir das je erzählt habe."
„Doch, dass er einmal zugucken kam, weiß ich noch."
„Ich meine aber die Einzelheiten."
„Daran kann ich mich nicht erinnern, was war denn da?"
„Also, wir spielten zuhause gegen Hürth-Knappsack, eine super Truppe. Viele Zuschauer waren gekommen, unter ihnen auch Papa. Ich hatte den Ball und suchte gerade eine gute Anspiel-

station im Mittelfeld, als ich plötzlich Papa vom Spielfeldrand rufen hörte: Torwart spielt mit! Aber halt, du weißt gar nicht, was das bedeutet, oder?"
„Was, Torwart spielt mit? Nein, das entzieht sich meiner Kenntnis. Ein Torwart spielt doch immer mit beim Fußball, oder?"
„Ja schon, aber so ist das nicht gemeint. Es bedeutet so viel wie: Spiel besser erst einmal einen Rückpass zum Torwart! Aber das eignet sich nicht so gut als Zwischenruf."
„Ach so..."
„Doch aus meiner Perspektive sah das völlig anders aus. Ich wäre in der Situation niemals auf die Idee gekommen, den Ball zurückzuspielen, für mich gab es überhaupt keinen Grund dafür, weil ich mich gar nicht in Bedrängnis fühlte. Seine Einmischung vom Spielfeldrand brachte mich total aus dem Konzept. Ich wollte es ihm aber recht machen. Wenn mein Papa wollte, dass ich zurückspiele, dann wollte ich das auch tun. Ich drehte ab, schaute in Richtung Torwart und zack, da wurde mir auch schon der Ball vom pfeilschnellen Vollblutstürmer der Knappsacker abgeluchst. Ich versuchte noch, hinterherzukommen, um meinen Fehler wieder auszubügeln, aber kurze Zeit später war es schon passiert, der Ball lag in unserem Tor. Das war mir anschließend so peinlich, dass ich am liebsten im Boden versunken wäre. Ich habe mich vor meinen Mitspielern, unserem Trainer, den Zuschauern, sogar vor den Gegnern geschämt, aber mit Abstand am meisten vor Papa. Da kommt der ein einziges Mal zum Fußballplatz, und ich schieße so einen Bock. Ich glaubte damals, er würde sich bestimmt auch für mich unendlich schämen."
„Nein, das hast du mir nie erzählt, daran könnte ich mich erinnern. Da kommen mir ja heute noch die Tränen."
„Nun ja, ich hatte es dir vielleicht nicht erzählt, weil ich diese Schmach ja auch schon mit halb Königsdorf teilen musste."
„Aber hat er danach nicht wenigstens ein paar aufbauende Worte für dich gefunden?", wollte Klara wissen.
„Möglicherweise, daran erinnere ich mich nicht mehr. Wie dem auch sei, aber weißt du vielleicht schon, worauf ich hinaus will?"
„Nicht so wirklich."
„Dann lass mich doch mal ausreden." Tim grinste verschmitzt.

„Du bist ganz schön frech", meinte Klara.
Tim ließ das einfach mal so stehen und setzte wieder an, wo er aufgehört hatte. „Damals, das war ja eigentlich kein Weltuntergang, nur ein popeliges Gegentor, aber es ging mir echt saumäßig. Was ich damit sagen will, so sehr ich Papa manchmal vermisst habe, so viele Vorteile es auch bestimmt gehabt hätte, wenn er da gewesen wäre, hätte ich mit Sicherheit massig Zeit, Herzblut und was weiß ich nicht noch alles aufgebracht, um es ihm recht zu machen oder ihm krampfhaft nachzueifern. Er sollte auf jeden Fall stolz auf mich sein – die ganze Vater-Sohn-Kiste eben."
„Du meinst also, das hatte auch sein Gutes, dass du ohne Papa aufgewachsen bist, weil du dich freier entwickeln konntest?"
„Ja, irgendwie individueller. Vermutlich wäre ich über kurz oder lang zu einer Art Abziehbildchen von ihm geworden."
„Ja, das verstehe ich gut."
„Papa hatte ja auch immer so eine unangenehme Intoleranz, zum Beispiel bei der Musik. Für ihn gab es da nur einen guten Geschmack, seinen, und daneben ließ er keinen anderen gelten. Aber wem erzähl ich das, du durftest deine Klassik-Schallplatten wahrscheinlich erst gar nicht auf seiner „heiligen" Anlage laufen lassen."
„Du sagst es. Ich habe mir oft überlegt, ob es mir wert ist, ein Klavierkonzert zu hören und mir damit seine miese Laune einzuhandeln. Ich erinnere mich auch, da warst du aber noch klein, da hattest du mal zu mir gesagt, du wärst ganz froh, dass Papa nicht da ist. In anderen Familien hättest du gesehen, dass die Väter so eine Unruhe zu Hause reinbringen, nein, ich glaube du hattest sogar gesagt, die würden den Frieden stören."
„Den Frieden stören? Das weiß ich nicht mehr, aber worauf ich eigentlich die ganze Zeit noch hinaus will, und um auf dein schlechtes Gewissen zurückzukommen: Ich finde, du hast das wertvollste meiner vielen Talente immer gefördert und tust es auch jetzt noch."
„Und das wäre?"
„Ja, wie gesagt, wäre ich Papas Einfluss ausgesetzt gewesen, hätte ich heute ganz andere Wertvorstellungen, du weißt was ich

meine, viel oberflächlicher eben. Du hast aber den Blick in die Tiefe, dieses Analytische an uns weitergegeben, in uns soziales Denken und Empathie geweckt und somit auch meine philosophische Seite gefördert. Aber eigentlich ist das alles ja kein Talent in dem Sinne, sondern viel umfassender. Allein die vielen Gespräche, wie dieses hier zum Beispiel, damit gibst du mir das Gefühl, dass meine Gedanken interessant sind."
„Das meine ich auch so."
„Was ich noch sagen will, jetzt durch die Kinder kommt natürlich auch bei uns die Frage auf, wie genau wollen wir die beiden eigentlich erziehen? Man zieht Vergleiche mit seiner eigenen, also deiner Erziehung, und ich kann nur hoffen, dass wir das auch so gut hinbekommen. Ich bin dir ganz besonders dankbar, dass du – bei aller Wertevermittlung – nicht versucht hast, uns deinen Glauben und deine Ansichten überzustülpen. Das gab mir ein sehr großes Gefühl von Freiheit und ermöglichte mir, mich noch freier zu entfalten."
„Das freut mich, das war für mich auch extrem wichtig. In meiner Kindheit wurden uns natürlich jede Menge Werte vermittelt, aber Freiheit war bei uns ein totales Fremdwort."
„Ja, wenn ich an all die Geschichten denke, die du uns da schon erzählt hast...für mich unvorstellbar! Wenn ich all diese Freiheiten nicht gehabt hätte, wäre ich mit Sicherheit heute nicht genau der, der ich bin, und somit bin ich super dankbar für alles, wie es war. Jetzt habe ich so ein komisches Gefühl, an einem ganz spannenden Punkt angelangt zu sein, zu dem ich ansonsten vielleicht niemals gekommen wäre, verstehst du? Ich weiß nicht, was da noch kommt, vieles in mir ist noch chaotisch, aber mit meiner Vergangenheit – hört sich kitschig an – habe ich den totalen inneren Frieden gemacht."
„Okay, dann kann ich ja jetzt auch endlich meinen Frieden damit machen." Klara griff zu ihrer Handtasche und kramte einen kleinen Notizblock hervor. „Bevor ich's vergesse, ich habe es mir extra aufgeschrieben. Letztens kam was im Radio, das ging meines Erachtens in Richtung Zusammenhangslehre, wo ich natürlich direkt an dich denken musste. Hast du schon mal von einem Phänomenunterricht gehört?"

„Nee, das sagt mir jetzt gar nix."
„Akustisch habe ich das leider nicht ganz verstanden, vielleicht kannst du da noch Näheres herausfinden, aber ich meine, die hätten über einen ganzheitlichen Unterricht in Finnland gesprochen."
„Was, echt? Gibt's ja nicht. Das interessiert mich jetzt natürlich. Schade, dass du nicht mehr davon erzählen kannst, aber wenn es im Radio kam, dann werde ich dazu bestimmt auch einiges im Netz finden."

Tim wollte natürlich ganz genau wissen, was es mit diesem Phänomenunterricht auf sich hatte, und nachdem Klara wieder gegangen war, gab er diese Bezeichnung in die Suchmaschine ein. Kurz darauf hatte er auch schon eine Seite gefunden, die eine ausführliche Erklärung hierzu beinhaltete und erläuterte, welche Ziele man mit dieser Reform des Schulsystems in Finnland verfolgte. Zwar teilte er nicht die Meinung, dass man alle bisherigen Fächer schrittweise abschaffen und durch einen ganzheitlichen Unterricht ersetzen sollte, was man dort angeblich beabsichtigte, ihm schwebte da eher eine Zusammenhangslehre in begleitender Funktion vor, doch im Großen und Ganzen deckte es sich mit seinen Ansichten – Schubladendenken, Nachhaltigkeit, auch diese Argumente wurden hier aufgeführt. Tim fühlte sich in seinem Denken auf einmal ungemein bestätigt. Hier hatte er es schwarz auf weiß, alles, was ihm da durch den Kopf ging, waren mitnichten irgendwelche fixen Ideen, er stand also mit seinen Überlegungen nicht alleine da, und sie trafen zudem anscheinend genau den Puls der Zeit.
Wahrscheinlich war es beides, zum einen diese gefühlte Bestätigung, zum anderen auch der Gedanke daran, alle Fächer einfach auf- und durch einen einzigen Unterricht abzulösen, was ihm zum Durchbruch einer Denkblockade verhalf. Ähnlich wie die positive Resonanz bei Klaras Geburtstagsfeier, die ihm auf der Schaffensebene seinerzeit einen enormen Rückenwind gegeben hatte, entwickelte sich bei ihm auf der geistigen Ebene eine nie dagewesene Klarheit. Ein Unterricht für alles? Ihm fiel sein *Gedanken-All* wieder ein, ein Raum für alles. Tim verstand

nicht, wieso er nicht schon früher darauf gekommen war. Seine Visualisierung beschränkte sich ausschließlich auf Lichtpunkte mit Zeichen und Symbolen. Einschränkungen und eine ganzheitliche Sichtweise? Das war doch von vornherein zum Scheitern verurteilt. Dabei hatte er es selber bereits geschrieben: Ein Punkt kann für alles Erdenkliche stehen, der Begriff ist *alldeutig*. Diese Feststellung hatte er aber bisher noch nicht auf das *Gedanken-All* übertragen. Strebte er damit die Erweiterung seines Blickfelds an, dann sollte er diesen imaginären Kosmos der Punkte dementsprechend auch als einen Raum verstehen, in dem alles Erdenkliche enthalten ist und es keine Begrenzungen oder Einschränkungen gibt. Außerdem durfte er die Lichtpunkte für die unterschiedlichen Bedeutungsträger nicht als starre Fassungen verstehen, sie wollten in Verbindung gebracht und gesehen werden.

Gespürt hatte Tim es schon die ganze Zeit, das *Gedanken-All* birgt großes Potenzial. Doch wie sich bald herausstellen sollte, war das noch stark untertrieben. In den folgenden Wochen und Monaten, wann immer es ihm möglich war, widmete er sich diesem und begann mithilfe einer ganz eigenen Methode, Punkte zu verbinden und daraus neue zu bilden, die er *Metapunkte* nannte. Diese Technik ermöglichte ihm, Zusammenhänge zu erkennen, die ihm sonst wohl niemals aufgefallen wären. Die daraus gewonnenen Erkenntnisse waren so gewaltig, dass sich sein Verständnis von der Wirklichkeit drastisch und unumkehrbar verändern sollte.

Kapitel Acht

Der Ursprung des Universums? Eine göttliche Existenz? Der Sinn des Lebens? Das Leib-Seele-Problem? Ein Leben nach dem Tod? Und was die Zellteilung oder sogar das Streben nach Glück mit all dem zu tun hat? Niemals hätte ich für möglich gehalten, dass mir das *Gedanken-All* so viele plausible Antworten liefern würde. Ich lerne die Welt mit neuen Augen kennen.

Auf dem Verständnis aufbauend, dass ein Punkt für alles Erdenkliche stehen kann, malte ich mir aus, dass es im Raum der Punkte auch für alles einen eigenen Lichtpunkt gibt – Zeichen, Symbole, Begriffe, Texte, Bilder, Formeln, ganz egal. Auch wenn ich nur Bruchteile davon kenne, geschweige denn verstehe, beinhaltet dieser in meiner Vorstellung also jede Einzelheit, die der Mensch im Laufe seiner Existenz gelernt, niedergeschrieben, gezeichnet oder gemalt hat. Insofern entspricht die Zusammensetzung in meiner Phantasie gewissermaßen dem symbolischen Bild, welches sich der Mensch bis hierhin von der Welt gemacht hat, wie ein generationenübergreifendes Gesamtwerk.

Des Weiteren sah ich die darin enthaltenen unzähligen Lichtpunkte mit ihren unterschiedlichen Bedeutungen nun als Unterpunkte eines alles umfassenden Oberpunktes, der für dieses *Große Ganze* steht – wie gesagt, in meiner Vorstellung gibt es für alles einen Punkt, wie für jedes Einzelne, so auch für das Gesamte. Kurzum: Das komplette *Gedanken-All* lässt sich ebenfalls zu einem Punkt verdichten. Da für dieses sogenannte *Große Ganze* bekanntlich mehrere Bezeichnungen existieren, lag es also nahe, diese synonymen Punkte zu verbinden und zu einem einzigen zusammenzufassen, weil die Bedeutungen allesamt in die gleiche Richtung zeigten. Diesen obersten, wirklich alles umfassenden und allem übergeordneten Punkt nannte ich *Metamakropunkt*.

Metamakropunkt: *Ganzheit, Ganzes, Gesamtheit, Gesamtes, Alles, Einheit, Einheitlichkeit, Geschlossenheit, Totalität, Unität, Vollständigkeit, Zusammengehörigkeit, Gemeinsamkeit, Verbundenheit, Makrokosmos, Kosmos, Universum, Weltraum, Weltall, All...*

Eigentlich ist es ganz simpel: Wie alles Einzelne im Universum in Beziehung zueinander steht, weil jedes ein Bestandteil des Universums ist, hängen auch die untergeordneten Lichtpunkte als Teile des *Metamakropunktes* miteinander zusammen. Da ich dank dieser Vorgehensweise schon mal eine erste Struktur erhalten hatte, hielt ich an dieser generellen Sortierung auf der Bedeutungsebene fest und orientierte mich weiterhin an den Zusammenhängen, denn um diese geht es ja schließlich bei einer ganzheitlichen Sichtweise. Als nächstes setzte ich in meiner Vorstellung genau in die Mitte des *Gedanken-Alls* einen *Metapunkt*, der wirklich alle Punkte – sowohl die untergeordneten Lichtpunkte als auch den umfassenden *Metamakropunkt* – miteinander verband, einen übergeordneten Anfangspunkt. Alle Punkte hängen über den Anfang miteinander zusammen, denn der Anfang des Oberpunktes ist auch der Ursprung aller Unterpunkte.

Metapunkt Eins: *Anfang, Start, Ansatz, Auftakt, Beginn, Entstehung, Basis, Ursprung...*

Wie die Bezeichnung *Metapunkt Eins* impliziert, wies ich diesem auch die Zahl 1 zu, schließlich ist der Anfangspunkt der erste Punkt. *Metapunkt Eins* markiert somit den Anfang des Universums, wie auch immer dieser ausgesehen haben mag. Nach einem Punkt-in-Punkt-Prinzip ummantelte ich diesen Anfangspunkt mit weiteren *Metapunkten*, ähnlich einer in sich verschachtelten Matrjoschka-Puppe. In der zweiten Stufe fasste ich Bedeutungsträger zusammen, die mir in Verbindung mit zwei Punkten einfielen.

Metapunkt Zwei: *2, Zweiheit, Dualität, zweifach, Ähnlichkeit, Gleichheit, Übereinstimmung, Strecke, Linie, Gerade, eindimensional...*

Doch es gibt ja auch Punkte, die nicht in Gleichheit, sondern im Gegensatz zueinander stehen, weswegen ich auf dieser Stufe zuerst geneigt war, auch einen *Metapunkt* für diese Konstellation zu bilden. Je länger ich darüber nachdachte, desto sicherer war ich mir aber, dass es bei Gegenteilen noch mehr zu beachten gilt, und ich erstellte erst einmal die folgenden *Metapunkte*:

Metapunkt Drei: *3, dreifach, Triade, Dreiheit, Dreizahl, Dreieck, Fläche, zweidimensional...*

Metapunkt Vier: *4, vierfach, Vierheit, Viereck, Tetrade, Tetraeder, Raum, dreidimensional...*

Dann folgt also *Metapunkt Fünf*, und so geht das immer weiter. Würde man den *Metamakropunkt* grafisch darstellen, ähnelte er vom Aussehen her einer Zielscheibe, nur stünde in der Mitte, anstelle der höchsten Zahl, die kleinste. Bereits die Erstellung dieser aufgeführten Stufen zog den Effekt nach sich, dass ich langsam begann, über Fächerunterteilungen hinwegzusehen und die Geometrie für mich lebendiger wurde. Hatte ich beispielsweise in der Schule gelernt, ein Punkt zählt zu den Kreisen, so erschien mir diese Zuordnung auf einmal unglücklich gewählt, als würde man behaupten, jede Eizelle sei ein Mensch. Vielmehr sah ich Strich, Kreis und Kugel als eine von vielen Auswirkungen, Ausdehnungen oder Entwicklungen, die in einem Punkt ihren Anfang finden, wie die Erde, die sich wahrscheinlich um ihren Mittelpunkt herum gebildet hat.

Dann beschloss ich, mich den gegensätzlichen Punkten zuzuwenden. Zwar existieren im Universum unzählige Gegensatzpaare, doch das Gute daran ist, es gibt bei einem Paar immer nur zwei Seiten, auf den Punkt gebracht oder zu *Metapunkten* verdichtet eben *Minus* und *Plus*.

Metapunkt Minus:	Metapunkt Plus:
negativ	positiv
nein	ja
Unglück	Glück
Minderung/Senkung/Schrumpfung	Steigerung/Erhöhung/Wachstum
Zusammenziehung/Faltung	Ausdehnung/Entfaltung
Implosion	Explosion
Anziehungskraft/Gravitation	Abstoßungskraft
innen/nach innen gerichtet	außen/nach außen gerichtet
unsichtbar	sichtbar
unterhalb	oberhalb
Rückseite	Vorderseite
rückwärts	vorwärts
immateriell/unkörperlich	materiell/körperlich
unfassbar	fassbar
Division/Subtraktion	Multiplikation/Addition
Trennung	Verbindung
...	...

Zwei vieldeutige Kontrapunkte waren das Ergebnis, die mich *Minus* und *Plus* nun in einer viel größeren Dimension sehen ließen, als ich es bisher getan hatte. Dass man alles kristallklar einem dieser Extreme zuordnen kann, ist damit aber nicht gemeint, ebenso wenig, dass für einen einzelnen Gegensatz, auch alle anderen Eigenschaften zutreffen, die unter dem jeweiligen *Metapunkt Minus* oder *Plus* aufgeführt sind. Nehmen wir als Beispiel uns Menschen: *Männlich* und *weiblich* bilden ein Gegensatzpaar, doch es gibt bekanntlich auch Menschen, die Geschlechtsmerkmale von beiden Geschlechtern aufweisen. Dennoch, das weibliche Geschlechtsteil ist nach innen gerichtet, empfangend oder nehmend, also *Minus* und das männliche nach außen, gebend, somit *Plus*. Folglich ist das weibliche Geschlecht ebenfalls *Metapunkt Minus* zuzuordnen und das männliche *Metapunkt Plus*, und das hat nichts mit positiv und negativ im Sinne von gut und schlecht zu tun.

Soweit so gut, nun hatte ich *Metapunkte* mit positiven Zahlenwerten und *Metapunkte* mit den Vorzeichen *Plus* und *Minus*, was ich aber nicht verstand, war folgendes: Das *Große Ganze* ist gespickt mit *Plus-Minus*-Gegenteilen, doch das Universum selber zeigt ins *Plus*, denn es expandiert, und sowohl die Fläche, auf der ich mich befinde, als auch der Raum, in dem ich lebe, sind positiv. In Punkten ausgedrückt: Ich habe also einen *Metamakropunkt*, der ins *Plus* zeigt, dessen enthaltenen Lichtpunkte aber *Plus* und *Minus* aufweisen. Kann ein Oberpunkt weniger Eigenschaften abdecken als seine Unterpunkte? Oder von der anderen Seite gefragt: Wie konnten aus einem Pluspunkt Minuspunkte entstehen? Dem übergeordneten Anfangspunkt *Metapunkt Eins* ist die (+1) zugeordnet, weil er den ersten positiven Punkt des Universums symbolisiert, nicht die (-1) oder (+/- 0).

Die Erstellung des nächsten *Metapunktes* brachte mich den entscheidenden Schritt weiter. Er ist die Symbiose der zuvor gegenübergestellten Kontrapunkte *Meta-Plus* und *Meta-Minus*. Gegenteile sind Paare und bilden bekanntlich eine Einheit, wie die beiden Seiten einer Medaille. Aus diesem Grund assoziiert man mit Gegenteilen für gewöhnlich die Zahl 2. Doch was ist mit dem Mittelpunkt, der das Gegensätzliche sowohl trennt als auch verbindet? An diesem findet aus meiner Sicht die *Null* ihren rechtmäßigen Platz.

Metapunkt Null: *0, Mitte, Achse, Zentrum, Polarität, Dualismus, Gegensätzlichkeit, Widerspruch, Paradoxon, kontrovers, Kontra, doppel-/beidseitig, paarig, Wechselseitigkeit, Extreme, Gegenüberstellung, Kontrast, Gleichgewicht/Ungleichgewicht, Symmetrie/Asymmetrie, Spannung...*

Stimmen meine Zuordnungen, dann musste es die Gegensätzlichkeit schon vor Entstehung unseres Universums gegeben haben, denn (*Metapunkt*) *Null* kommt vor (*Metapunkt*) *Eins*. In meinem Verständnis ist die erste *Null* aber das Resultat, welches durch die Existenz und Gegenüberstellung eines *Meta-Minus* und *Meta-Plus* erst möglich wurde. Die *Null* ist die Grenze zwischen den Gegensätzen, der Trennstrich der zwei Spalten in der obigen Tabelle. Angenommen, dass es sich andersherum verhält, dass sich diese beiden Pole aus einem *Metapunkt Null* gebildet haben könnten, ist unlogisch, denn die *Null* ist weder *Minus* noch *Plus*, sie wäre dazu nicht in der Lage. Daraus schließe ich: Der Nullpunkt kann somit nicht der Anfang sein. Die Gegensätzlichkeit musste also einen anderen Ursprung haben.

Je länger ich darüber nachdachte, desto überzeugter war ich, dass es nur eine plausible Erklärung gibt, woraus *Meta-Plus* und *Meta-Minus* hervorgegangen sein konnten, ganz unabhängig davon, wie viele Universen parallel zu diesem vielleicht noch bestehen. Ich glaube, ein Hinweis auf die Lösung dieses Rätsels ist auch beim Menschen zu finden. Was schreibe ich da? Nicht nur beim Menschen, fast ausschließlich bei allen Lebewesen ist es dem weiblichen Geschlecht vorbehalten, neues Leben hervorzubringen. Und in welches Extrem oder in welchen Pol das weibliche Geschlecht aus meiner Sicht zeigt, habe ich ja bereits erwähnt. In mir keimte der Gedanke, dass es vielleicht *Minus* vor *Plus* gegeben haben könnte und somit die Gegensätzlichkeit möglicherweise in einem – ich nenne es mal – *Uminus* wurzelt. Wie ich mir das ungefähr vorstelle, kann ich am besten wie folgt beschreiben:

In der Schule im Mathematik-Unterricht haben wir gelernt, man erhält *Plus*, wenn man *Minus* mit *Minus* multipliziert, aber andersherum bekommt man kein *Minus*, wenn man *Plus* mit *Plus* multipliziert. Hierbei handelt es sich um kein mathematisches Gesetz, nur um eine Definition. Warum man das so definiert hat, lässt sich recht einfach nachvollziehen. Es gibt zu jeder positiven Zahl eine negative Gegenzahl und umgekehrt zu jeder negativen Zahl eine positive Gegenzahl, ein Spiegelbild sozusagen. Wenn ich irgendeine Zahl mit (+1) multipliziere, erhalte ich aber nicht ihre Gegenzahl oder ihr Spiegelbild, sondern immer dieselbe Zahl, einmal eine (+2) ist und bleibt eine (+2), daraus folgt: *Plus* mal *Plus* ergibt *Plus*. Die Spiegelung einer Zahl kann also nicht darin bestehen, sie mit (+1) zu multiplizieren, sondern mit (-1). Das wäre dann in etwa so, als würde ich nicht *einmal*, sondern *einmal umgekehrt* oder *einmal das Gegenteil* sagen. Nehme ich nun beispielsweise eine negative Zahl wie die (-2) und halte dieser durch eine Multiplikation mit (-1) den „Spiegel" vor, müsste ich eigentlich die (+2) erhalten. Daraus wurde abgeleitet: *Minus* mal *Minus* ergibt *Plus*. Sehe ich diese Definition in einer größeren Dimension, dann könnte sich hinter dem ersten *Plus* ein doppeltes oder gespiegeltes *Minus* verborgen haben.

Der Gedanke ließ mich einfach nicht mehr los, und allmählich setzte sich aus diesem Ansatz – fast von alleine – ein Bild zusammen, das größer und klarer war als ich es jemals für möglich gehalten hätte. Nach dieser langen Ein- und Herleitung werde ich versuchen, es zu beschreiben, wobei ich auf Formulierungen, wie *ich glaube* oder *meines Erachtens* verzichte, weil die folgenden Zeilen ausschließlich auf meinen ganz persönlichen Schlussfolgerungen beruhen. Auch warum sich für mich die Frage nach der Herkunft des *Minus* erübrigt, erklärt sich im Weiteren von selbst.

Ganz vorne am Anfang steht ein Punkt ohne Ausdehnung, das *Urminus*. Was sich genau hinter diesem alles verbergen mag, davon wird sich ein Mensch wohl niemals ein umfassendes Bild machen können, aber ein Punkt kann – wie mehrmals erwähnt – für alles Erdenkliche stehen, also auch für das über unseren Geist Hinausgehende. Dieser Punkt birgt ein unvorstellbares Potenzial, denn er bildet die Grundlage für mindestens ein Universum, mit allem, was dazugehört, und das Vorkommen weiterer Universen, die parallel zu unserem existieren, ist nicht auszuschließen. Doch bleibt dieser Punkt in seinem Urzustand, kann es weder zu einem Universum noch zu irgendeiner Form von Ausdehnung kommen, alleine schon aus dem Grund, weil kein *Plus* existiert. Das *Urminus* ist nicht nur ein Punkt ohne Ausdehnung, es ist vielmehr das Gegenteil einer Ausdehnung, eine ins Negative, ins Innere reichende, in sich zusammengezogene Konzentration. Im Universum gibt es vermutlich nur eines, was man heranziehen könnte, um sich die Vorstellung dieser Beschreibung zu erleichtern, ein Schwarzes Loch. Das

mag zunächst sehr befremdlich anmuten, dass aus so etwas Ähnlichem das gesamte Universum entstanden sein soll, aber es geht ja auch noch weiter.
Die Ausdehnung oder Expansion des Alls wird zur Veranschaulichung häufig durch das Aufblasen eines Luftballons dargestellt. Und was machen wir, um möglichst viel und lange pusten zu können? Wir holen vorher ganz tief Luft. Um zu erklären, wie die Expansion genau funktionieren könnte, dafür taugt dieser Vergleich wohl weniger – dazu aber später mehr. Dennoch greife ich dieses Beispiel an dieser Stelle auf, weil es diese beiden Richtungen *nach innen* und *nach außen* beinhaltet. Unsere Atmung setzt sich bekanntlich aus den Gegenteilen Ein- und Ausatmung zusammen, aber das Einatmen – *nach innen/Minus* – geht dem Ausatmen – *nach außen/Plus* – voraus. Somit ist auch dieser Vorgang ein weiterer Hinweis darauf, dass *Minus* vor *Plus* kommt.

Das, was wir auch Urknall nennen, markiert nicht den Ursprung unseres Universums, sondern lediglich einen Wendepunkt, der die Entfaltung des *Urminus-Potenzials* einläutete. Die Vielfalt innerhalb der Entfaltung oder alles im Universum Existente ist ausnahmslos auf das *Urminus* zurückzuführen, entweder ist es daraus – über kurz oder lang – entstanden, wie die Materie beispielsweise, oder es war bereits von Anfang an in diesem existent, womit ich ganz besonders auf eines abziele, sozusagen den Kern des Ganzen. Alles im Universum Existente hängt miteinander zusammen oder ist miteinander verbunden, weil alles Teil der Entfaltung des *Urminus* ist. Und wie das Wort *Teil* schon aussagt, sind es auch Teilungen, über die es überhaupt zu der Entfaltung und der Vielfalt kommen konnte. Am Anfang steht schließlich nur das *Urminus*. Es gibt noch keine Trennung, Abgrenzung oder Unterteilung, die es aber benötigt, um *Minus* zu spiegeln, also *Plus* zu erhalten. Ohne Teilungen (*Minus*) gäbe es weder Teile noch Verbindungen (*Plus*) und ohne Teile und Verbindungen gäbe es logischerweise auch keine Gegenteile.

Man kann das vielleicht mit dem Versuch vergleichen, mit nur einem Wert, egal wie hoch dieser auch ist, eine Multiplikation durchführen zu wollen. Dafür bedarf es zunächst einer Division, um zuerst einmal mindestens zwei Werte zu erhalten, die man miteinander multiplizieren kann. Division gehört zu *Minus*, Multiplikation zu *Plus* – *Minus* kommt vor *Plus*.

Vor diesem Hintergrund leuchtet auch ein, wieso sich unsere Zellen durch Teilung vervielfältigen. Als Bestandteil der Entfaltung – genauer gesagt, als ein lebendiger Bestandteil, der über Informationen verfügt – liegt ihnen dieses Prinzip *Entfaltung und Vielfalt durch Teilung* von jeher zugrunde, weil sie selber, wie alles im Universum Existente, aus diesem hervorgegangen, also ein Resultat dieses Prozesses sind. Dass im Rahmen der Zellteilung unser Erbgut gespiegelt oder spiegelverkehrt kopiert wird, nachdem eine Teilung der DNA-Doppelhelix stattgefunden hat, auch dieser Vorgang zeugt von der *Minus-Spiegelung* – die Vorlage ist *Minus* und die spiegelverkehrte Kopie ist *Plus*. Die Zellteilung ist aber nicht nur ein weiterer Beleg dafür, dass *Plus* aus einer *Minus-Spiegelung* heraus entstanden ist, sie sagt noch etwas viel Bedeutenderes aus.

Es gibt einiges im Universum, das nahezu symmetrisch angeordnet ist, doch dieser Vorgang des Teilens und spiegelverkehrten Kopierens, der ist ausschließlich in Verbindung mit Leben zu beobachten. Ob beim Menschen, beim Insekt, ja sogar bei den Blättern eines Baumes ist diese im „Bauplan" hinterlegte Mittellinie oder Spiegelachse zwischen der linken und rechten Hälfte unverkennbar vorhanden. Das lässt nur einen logischen Schluss zu: *Plus* konnte ursprünglich überhaupt nur deshalb aus Teilung, Spiegelung und Verbindung entstehen, weil es sich beim *Urminus* um etwas Lebendes handelt.

Noch einmal zusammengefasst:
Das Universum wird größer, es breitet sich aus. Ausbreitung und Vergrößerung zeigen ins *Plus*. Das Universum beinhaltet aber nicht nur Teile, die ins *Plus* zeigen, sondern auch ins *Minus*, vergleichbar mit einem *Plus*-Oberpunkt, der *Plus*- und *Minus*-Unterpunkte umfasst. Hierbei handelt es sich scheinbar um eine unlogische, unmögliche Konstellation, schließlich kann ein Oberpunkt nicht weniger Eigenschaften umfassen als seine Unterpunkte. Hierfür gibt es aber eine ganz plausible, logische

Erklärung, die durch zahlreiche Gegebenheiten untermauert, ja belegt wird: *Minus* kommt vor *Plus* und *Plus* ist aus *Minus* heraus entstanden, ein spiegelverkehrtes *Minus*. Der Trennstrich zwischen den Gegensätzen entpuppt sich als eine Spiegelachse. Somit gilt: Alles was *Plus* ist, findet seinen Ursprung im *Minus*, was auch für das „große" *Plus*, die Ausbreitung des Universums gilt. Folglich ist das Universum aus dem Gegenteil einer Ausbreitung hervorgegangen, einer Zusammenziehung. Der Urknall markiert den Wendepunkt. Von einem *Urminus* ausgehend, brauchte es Teilungen, um *Minus* zu spiegeln, und dieser Vorgang der Teilung und Spiegelung tritt nur in Verbindung mit Leben auf. Daraus folgt: Am Anfang von allem steht das *Urminus* und Leben.

Doch hier ist es wichtig genauer zu werden. Ganz am Anfang gab es noch keine Materie und somit auch keinen lebenden Körper. Wie nennen wir Leben ganz unabhängig von einem Körper? Beschreibe ich das *Urminus*, dann muss ich *Leben* durch *Geist* ersetzen. Demzufolge zeigt Geist nicht nur ins *Minus*, das *Urminus*, diese in sich zusammengezogene, körperlose Konzentration, ist selber der Inbegriff von Geist.
Ich denke jetzt wird auch klar, warum ich mir die Frage nach der Herkunft des *Minus* nicht stelle. Wir wissen, es musste so einiges erst einmal zusammenkommen und viele Voraussetzungen erfüllt sein, um Leben auf der Erde zu ermöglichen, aber es konnte überhaupt nur deshalb entstehen, weil das gesamte Universum aus Geist heraus entstanden ist. Und da das Universum eine Entfaltung dieses Geistes ist, ist das *Große Ganze* – selbst wenn es gar aus unzähligen Paralleluniversen bestehen sollte – als ein lebendes Ganzes anzusehen.

Was sich genau hinter dem ersten *Plus* verborgen haben mag oder im Einzelnen noch alles passieren musste, wie viele Teilungen, Abgrenzungen, Verbindungen oder Spiegelungen im Vorfeld nötig waren, um das Potenzial zur Entfaltung zu bringen, auch das wird sich uns niemals erschließen, doch mit der Definition von *Plus* alleine war es bestimmt nicht getan. Wie die

Vervielfältigung unserer Zellen in der Regel nicht willkürlich erfolgt, deutet die *Urminus-Theorie* auf einen systematischen Aufbau hin, der alle – für die Entstehung des Universums benötigten – Definitionen lieferte. Die Bildung der Gegensätzlichkeit ist vielleicht nur ein Teil dieses Urgerüsts, aber ein äußerst gewichtiger, möglicherweise auch der Grundpfeiler schlechthin, denn über die Definition von *Plus* hinaus, führte die Gegenüberstellung von *Minus* und *Plus* auch zur Bestimmung der *Null*, dem Trennstrich der Gegensätze. Mit der *Null* verbinden wir eigentlich hauptsächlich nichts, sie hat keinen Zahlenwert und scheint unbedeutend, doch das täuscht, sie ist überaus wertvoll. Mitte, Gleichgewicht und annäherndes Gleichgewicht, Symmetrie und angleichende Symmetrie, all diese und weitere dem *Metapunkt Null* zugeordnete Begriffe oder Informationen hängen mit der Definition der *Null* zusammen. Dass diese von zentraler Bedeutung für die allgemeine Ausrichtung der Entfaltung sowie der Vielfalt des Lebens im Universum sind, beispielsweise für das Wachstum der Pflanzen oder für unseren Körperbau, das steht wohl außer Frage. Wie das Prinzip der Teilung liegen diese Informationen den Lebensformen von jeher vor, sie werden berücksichtigt, angestrebt und von Generation zu Generation weitergegeben.

Doch im Universum sticht noch etwas anderes, immer Wiederkehrendes hervor, das es ohne Gegensätzlichkeit nicht geben könnte und im Zusammenhang mit grundlegenden Definitionen und Informationen auf keinen Fall unerwähnt bleiben darf – die Rede ist von der Kreisläufigkeit.
Das Universum scheint das Runde zu lieben. Kreisläufigkeit finden wir überall, in uns und um uns herum, der Kreislauf des Lebens, der Wasserkreislauf, der Blutkreislauf, um nur einige zu nennen, ja, sogar unsere Atmung läuft rund. Eigentlich liegt es schon auf der Hand, dass es sich bei der Kreisläufigkeit um etwas Grundlegendes, Übergeordnetes und im „Bauplan" Begründetes handeln muss. Damit etwas, das zu Ende geht, anschließend wieder von vorne beginnen oder anders ausgedrückt, ein Endpunkt zugleich auch ein Anfangspunkt sein kann, bedarf

es zunächst einmal der Gegensätzlichkeit von Anfang und Ende. Am Anfang gab es nur *Minus*, also zeigt Anfang ins *Minus* und Ende ins *Plus*. Doch Kreisläufigkeit beinhaltet nicht nur Gegensätzlichkeit, in ihr findet sich eine ganz besondere Eigenschaft des *Urminus* wieder.

Um dies zu erklären, gehe ich über das Stichwort *Kreisläufigkeit* nochmal zurück zum Anfang: Ich habe zu Beginn geschrieben, dass das *Urminus* ein unvorstellbares Potenzial birgt, ich hätte aber auch *ein unendliches Potenzial* schreiben können, weil es ganz am Anfang keine Endlichkeit gab, da noch keine Gegensätzlichkeit existierte. Keine Endlichkeit entspricht Unendlichkeit, folglich ist dem *Urminus* in jeglicher Hinsicht die Unendlichkeit zuzuschreiben. Und eben diese Eigenschaft ist es, die sich in all dem Runden in uns und um uns herum wiederfindet, ob in der Kreisläufigkeit oder in der Kugel- und Kreisform, wie beispielsweise auch in der Kreiszahl Pi.

Ob diese Eigenschaft der Unendlichkeit auch eine endlose Expansion bedeutet oder wir es vielleicht mit einem sich wiederholenden Vorgang, einem übergeordneten Kreislauf, zu tun haben, bei dem sich die Phasen Entfaltung und Faltung fortlaufend abwechseln, das weiß ich nicht, möglicherweise verhält es sich auch ganz anders. Weder wissen wir, woraus der Großteil des Universums besteht, noch haben wir Gewissheit darüber, wie diese Expansion funktioniert. Es sieht aber so aus, als würde sich das All immer schneller ausdehnen. Da das Universum ein lebendes Ganzes ist und die Entfaltung des *Urminus-Potenzials* auf dem Prinzip der Teilung basiert, würde es mich nicht wundern, wenn auch die Expansion diesem Prinzip folgte, also ähnlich abliefe wie die Zellteilung. Dies würde auch einen Erklärungsansatz dafür bieten, warum sich das All immer schneller ausdehnt. Diese Entwicklung mag zwar darauf hindeuten, dass sich das Universum immer weiter ausdehnt, gar bis in die Unendlichkeit, doch vergleicht man dies mit der Vielzahl an Zellteilungen eines heranwachsenden Lebewesens, dann könnte man – wenn man es nicht besser wüsste – auch hier zu dem Schluss gelangen, dass der Körper immer schneller und endlos weiter wächst – was aber nicht der Fall ist.

Es gibt mehrere Gründe, warum ich dazu tendiere, an die Existenz eines übergeordneten Kreislaufs zu glauben. Zum einen lenken mich die vielen Kreisläufe im Universum unweigerlich in diese Denkrichtung, zum anderen bezweifele ich, dass es das viele Runde im Universum geben könnte, wenn es nicht einen übergeordneten Kreislauf gäbe. Darüber hinaus würde es auch die anfangs herangezogenen, rätselhaften Schwarzen Löcher in ein erhellendes Licht rücken. Dadurch, dass sie scheinbar die Eigenschaften besitzen, miteinander zu verschmelzen und sowohl alles anzuziehen als auch zusammenzuziehen, was ihnen zu nahe kommt, bilden sie in gewisser Weise einen Gegenpol zur Expansion. Man könnte sagen, sie sind in der Lage, Entfaltetes erneut zusammenzufalten, also *Plus* wieder in *Minus* umzuwandeln. Aus diesem Blickwinkel betrachtet, würden sie für die Gewährleistung eines übergeordneten Kreislaufs eine bedeutende Rolle einnehmen, ja, sie wären für diesen sogar unverzichtbar.

Das Hauptargument für die Existenz eines übergeordneten Kreislaufs liefert aber folgendes: *Minus*, der Ursprung von allem, zeigt in die Unendlichkeit, aber das expandierende Universum im Gegensatz dazu ins *Plus*. *Plus* beinhaltet die gegensätzlichen Eigenschaften von *Minus*, folglich assoziiere ich mit Plus keine Unendlichkeit, sondern Endlichkeit. Die Kreisläufigkeit wäre also für ein unendliches *Urminus* die optimale Lösung, sich mit einer endlichen Entfaltung zu arrangieren, sie ist sozusagen die perfekte Symbiose aus den Gegensätzen Unendlichkeit und Endlichkeit. Das Universum wäre also nicht nur das Endergebnis eines systematischen Aufbaus, sondern selber auch Teil eines runden Systems, und es ist gut möglich, dass es vor diesem Universum bereits viele weitere „Vorgänger-Universen" gab.

Aber ist es nicht weitaus interessanter sich erst einmal einer anderen Frage zuzuwenden: Welchen Sinn könnte die Entfaltung haben? Was ist die Triebfeder dafür?
So unterschiedlich wir Menschen – als Teil und gemäß der Vielfalt – auch ticken mögen, unser Geist strebt nach Sinn, Entfaltung, Entwicklung, Erfüllung, Ausgeglichenheit oder sogar

Glück. Dieses tief verankerte Bedürfnis kommt nicht von ungefähr, es wurzelt im Streben des *Urminus*, dem Inbegriff von Geist, der über das Universum und die darin enthaltene Vielfalt seine Erfüllung findet. Das mag im ersten Moment banal klingen, aber ohne Geist gäbe es kein Streben und ohne ein zum Positiven strebendes *Urminus* auch keine Teilungen, kein *Plus*, keine Entfaltung oder Expansion, kein Wachstum, keine Weiterentwicklung und schon gar keine Vielfalt. Potenzial will schließlich auch genutzt und nicht vergeudet werden, und wie unbefriedigend es ist, wenn Potenzial nicht entfaltet werden und deshalb auch keine Selbstverwirklichung stattfinden kann, bedarf keiner Erklärung.

Aus diesem Blickwinkel betrachtet dient das Universum zwar einem Selbstzweck, von einem rein eigennützigen Geist kann aber keine Rede sein, weil er teilt und teilhaben lässt. Ein Teil der Entfaltung des *Urminus* zu sein, bedeutet auch Teil dieses *Metageistes* zu sein, wie die Unterpunkte eines übergeordneten Oberpunktes. In dieser Zusammensetzung sind Uneigennützigkeit und Eigennützigkeit ohnehin untrennbar miteinander verbunden. Eigennutz ist somit gleichzeitig auch Gemeinnutz.
Ebenso die Vermutung, wir haben es mit einem rein rationalen Geist zu tun, ist unwahrscheinlich. All das, wozu wir geistig imstande sind und was unseren Eigengeist ausmacht, sei es Intelligenz, Vernunft, Emotionen, Moral, Gedanken, Gespür, Willen, Streben, Mitgefühl oder auch die Fähigkeit zu lieben, ist nur ein Bruchteil von dem, was diesen übergeordneten Geist ausmacht und wozu dieser imstande ist – Unterpunkte können nicht mehr umfassen als ihr Oberpunkt. Obwohl das Universum Materie beinhaltet, ist seine Expansion in erster Linie als eine geistige Entfaltung anzusehen, weil der Ursprung von allem – auch Materie – Geist ist, und geistige Entfaltung impliziert auch das Streben nach geistiger Vielfalt. Würden wir einem rein eigennützig handelnden oder einem ausschließlich rationalen Geist entstammen, dann wäre diese Welt wahrscheinlich nochmal eine ganz andere. Vermutlich hätten wir kein Gewissen, kein Mitgefühl und fänden in unserem selbstlosen Handeln wohl

kaum mehr Erfüllung oder Glück als in unseren eigennützigen Taten.

Potenzialentfaltung, Selbstverwirklichung, Weiterentwicklung, Erfüllung, Ausgeglichenheit, Glück, da kommt schon viel Sinnvolles zusammen, was eine Triebfeder für die Entfaltung sein könnte, und damit sind noch nicht einmal die Beweggründe abgedeckt, die möglicherweise mit der Erzeugung von neuem Leben oder Geist im Universum und der Fähigkeit zu lieben zusammenhängen. In dem Bild, das ich mir gemacht habe, gibt es nicht nur die eine, sondern mehrere Triebfedern für die Entstehung des Universums, und darüber hinaus steckt bestimmt noch viel mehr dahinter, von dem ich als Mensch nicht in der Lage bin, mir ein Bild zu machen.

Und abschließend – auch wenn die Antwort bereits in und zwischen den Zeilen größtenteils steht – was lässt sich aus all dem für die Lösung des Leib-Seele-Problems oder der damit verbundenen uralten Frage ableiten, in welcher Beziehung unser Körper und Geist zueinander stehen?
Die Beziehung zwischen Körper und Geist könnte gegensätzlicher wohl kaum sein. Der Körper, das Physische, zeigt ins *Plus*, und der Geist, das Psychische, das Mentale, ist sogar *Minus* in seiner ursprünglichsten Form. Dennoch handelt es sich hierbei um keine Gegenteile, denn Gegenteile sind gleichgestellt, sie sind paarig, beispielsweise wie *männlich* und *weiblich*. Der Sinn der Existenz des einen liegt in der Existenz des anderen. Zwar mag unser Körper eventuell eine Art Gegengewicht zu unserem Geist bilden, ihm auch eine Fassung und Abgrenzung geben, zudem ist vielleicht nur durch Verbindung von Materie und Geist Fortpflanzung erst möglich, was wiederum der Erzeugung von neuem Geist entspricht, trotz alle dem wird dem Geist die absolute Sonderstellung zuteil. Da das ganze Universum aus Geist entstanden ist und somit gewissermaßen auch Geist ist, ist Geist auch als das Höchste anzusehen. Es gibt nichts ihm Ebenbürtiges, Gleichgestelltes oder Paariges, folglich gibt es auch kein Gegenteil von Geist. Begreife ich das Universum als ein leben-

des Ganzes, welches aus einem unendlichen und dementsprechend auch ewigen Geist hervorgegangen ist, in dem unser Leben eingebettet ist, dann verändert sich automatisch auch das Verständnis des Todes. Unser Körper ist vergänglich, unser Dasein als Mensch ist endlich, und alles unterliegt der Transformation, doch Geist bleibt Geist, weil der Ursprung von allem Geist ist und Geist die Eigenschaft der Unendlichkeit in sich trägt.

Kapitel Neun

Tim genoss in vollen Zügen die frühabendliche Auszeit von der Wickelfront, als er mit Momo durch den Wald im Weißer Bogen streifte, während Anna sich zu Hause um die Kinder kümmerte. Keine stinkenden Windeln, kein ohrenbetäubendes Geschrei, keine einschläfernden Gespräche über Kinderkleidung und dergleichen, es tat ihm gut den frischen Wind zu spüren, der die Baumkronen zum Rascheln brachte und dabei die Wassertropfen von ihren Blättern pustete. Waren hier bei schönem Wetter immer viele Leute unterwegs, zu Fuß, auf dem Drahtesel oder hoch zu Ross, so krochen heute bloß Nackt- und Weinbergschnecken in Scharen über den vom Regen aufgeweichten Weg. Tim war chronisch übermüdet und erschöpft, aber er fühlte sich trotzdem großartig. Das andauernde Grübeln, Sinnieren und „In-sich-gehen" hatte sich wahrlich gelohnt. Die Befürchtung, sein Glaube beruhe möglicherweise nur auf einem Wunschdenken oder seiner Kindheitsprägung, gehörte der Vergangenheit an. Jegliche Restzweifel an der Existenz eines übergeordneten Geistes waren mittlerweile auf ein absolutes Minimum reduziert, und wenn es doch nochmal vorkam, dass er aufgrund seiner kritischen Grundeinstellung wieder der Skepsis zu verfallen drohte, dann landete er jedes Mal weich in einem metaphorischen Sicherheitsnetz, welches aus seinen logischen Schlussfolgerungen geknüpft war.
Obwohl es sich bei seinem Glauben, einem sogenannten Allgottglauben, um kein Novum handelte, war Tim mit diesem bisher so gut wie gar nicht in Berührung gekommen. Das Universum ein lebendes Ganzes? Früher wäre es ihm bestimmt nicht leicht gefallen, sich für diese Sichtweise zu öffnen, doch genau hierhin hatten ihn seine Gedankengänge geführt, mit denen ihm nicht nur eine Vielzahl von Antworten auf Glaubensfragen geschenkt worden waren, sondern sich schlussendlich auch diese – bereits seit der Schulzeit – bestehende Kluft zwischen Religion und Wissenschaft geschlossen hatte. Viele kleinere und auch große Veränderungen lagen hinter ihm seit

dem Tag, an dem er Renata getroffen hatte. Nicht alle waren eine Folge dieses Zusammentreffens, vielleicht wäre der Impuls, seinen Glauben oder seinen Standpunkt einmal genauer zu hinterfragen und zu formulieren, auch durch etwas anderes oder jemand anderen erfolgt, aber hätte er sich ohne seine Vision mit Allegorien, mit Zeichen oder Symbolen auseinandergesetzt und sich jemals tiefer mit dem Punkt beschäftigt? Wäre ihm diese ungewöhnliche Idee, sich einen ganzen Kosmos von Lichtpunkten mit Bedeutungsträgern vorzustellen, auch anderweitig gekommen?

In diesen Tagen fühlte er, dass sich in ihm – dank der vielen Erkenntnisse – gerade ein grundsätzlicher Wandel vollzog, unaufhaltsam, von ganz tief innen heraus. Wie ein Farbstoff, der sich im Wasser verteilt, war es diese Mischung aus Glauben und Gewissheit, die sich in seinem Geist dynamisch ausbreitete und sein Bewusstsein mehr und mehr beeinflusste. Da Tim über die Logik, das Rationale zu diesem Glauben gefunden hatte, hing das Fühlen dieser Überzeugung noch ein wenig hinterher, und es brauchte Zeit und Ruhe, die er eigentlich nur bei diesen ausgedehnten Spaziergängen fand, um alles sacken zu lassen. Hier inmitten der Natur fiel es ihm selber besonders stark auf, wie sich seine Wahrnehmung zunehmend seiner neuen Realitätssicht anzupassen begann. Das saftige Grün rings um ihn, die mächtigen, aus kleinen Samen gewachsenen Baumstämme und ihre ausladenden, sich in unzählige Richtungen teilenden Verästelungen, die bunte Pracht der unterschiedlichen Blütenknospen, Pilze und Insekten zu Hauf, all das erblickte Tim zum x-ten Male, aber er sah es ganz anders als zuvor. Überall sprang ihm das Prinzip der Entfaltung förmlich ins Auge und schien ihm dabei zurufen zu wollen: Spürst du dein Glück? Du bist mittendrin, ein Teil davon!

Ganz bewusst atmete er tief ein und schaute durch das Blattwerk in den wolkenverhangenen Himmel hinauf. Gemessen an den schier unendlichen Weiten da draußen ist er eigentlich nur eine klitzekleine Winzigkeit, dachte er, was in der Vergangenheit oftmals mit einem Gefühl von Minderwertigkeit und Bedeutungsarmut einhergegangen war. Aber was bedeutet denn schon die körperliche Größe, wenn doch das gesamte Universum aus einem Punkt ohne Ausdehnung entstanden war? Ihm war Geist gegeben, und da er überzeugt davon war, dass Geist der Ursprung von allem ist, lag für ihn nahe, dass jede Form von Leben im Universum, völlig ungeachtet von Größe, alles andere als unbedeutend sein konnte. Tim erinnerte sich nochmal an sein Erlebnis mit der getöteten Fliege. Er hatte sich nie so recht erklären können, warum ihm seine Tat seinerzeit so schrecklich zugesetzt hatte. Es war seltsam, fast so, als wäre schon damals in seiner Kindheit eine Weiche zu seiner jetzigen Glaubensrichtung gestellt worden.

Irgendwie hatte er immer so dahin gelebt, Tag ein, Alltag aus, das Menschsein für selbstverständlich gehalten. Und dann waren da noch diese stetige Suche nach einer Steigerung und der ständige Traum vom großen Geldsegen. Was könnte man sich alles leisten, würde man eines Tages den Jackpot knacken? Aber ein Mensch sein zu dürfen, ist dies nicht das größte Glückslos, das man ziehen kann? Eigentlich müsste man doch schon morgens mit einem Juhu-Gefühl aufwachen, sagte er sich. Wie er es in den vergangenen Tagen des Öfteren getan hatte, dachte Tim an seine Kindheit und die Glaubensinhalte zurück, die ihn geprägt hatten. Obwohl sich auf dieser Ebene mittlerweile ein deutlicher Vorher-Nachher-Kontrast abgezeichnet hatte, fühlte er sich dennoch nicht so, als hätte er dem Christentum den Rücken gekehrt. Im Gegenteil, jetzt begegnete er diesem vielleicht offener und aufgeklärter und wähnte sich ihm, aber auch den anderen Religionen, näher als jemals zuvor. Ihm war klar, dass es die einzelnen Glaubensrichtungen differenziert zu betrachten galt, trotzdem waren sie für Tim nun ein in Zusammenhängen zu sehendes Gemeinsames, deren unterschiedliche – aber mitunter auch überschneidende – Inhalte und Auslegungen um ein und denselben Mittelpunkt kreisen, diesen göttlichen Kern, dessen vollständige Erschließung dem menschlichen Geist nicht möglich war.

Im Allgottglauben gibt es keine Exklusivität einer Religion, diesen einen Weg zu Gott oder zum ewigen Leben. Alle Wege führen zu Gott. Oder besser gesagt, es existiert überhaupt kein Weg, überlegte Tim. Wir waren doch nie weg oder von Gott getrennt, denn Teil der Entfaltung zu sein, bedeutet ja auch seit jeher ein Teil Gottes zu sein, ganz unabhängig davon, woran man glaubt. Und wie es diese eine „richtige" Religion nicht gibt, so kann es auch keine Exklusivität der menschlichen Spezies geben. Er zweifelte nicht daran, dass jegliche Art von Geist – also jede Lebensform – Unendlichkeit beinhaltet und als etwas ganz Besonderes anzusehen ist. Überdies konnte Tim die Vorstellung, es fände eine Auswahl „würdiger" und „unwürdiger" Geister statt, ganz und gar nicht mit einem übergeordneten Geist in Einklang bringen, der selber nach geistiger Entfaltung, Vielfalt und Entwicklung strebt. Glaubt man an eben diesen Gott, sinnierte Tim weiter, erkennt man doch unweigerlich, dass das Hinterfragen von Glaubensinhalten nicht nur sehr sinnvoll, sondern geradezu unverzichtbar ist und im Sinne dieses Gottes sein muss, denn nur so kann sich der Mensch spirituell weiterentwickeln. Blickt man zudem nur einmal weiter zurück in die Geschichte der Menschheit, dann stellt man doch fest, dass sich der Glaube im Allgemeinen immer schon verändert hat und das wird er auch in Zukunft tun. Sich bereits auf der höchsten Entwicklungsstufe zu sehen, ist absolut fehl am Platz, und jegliche Indoktrination und Einschränkung der Glaubensfreiheit sind Sand im Getriebe eines göttlichen Prozesses, dessen Fortlauf ohnehin nicht aufzuhalten ist. Für Tim lag es auf der Hand, dass es diesen Prozess sogar unbedingt voranzutreiben galt, denn es konnte keinesfalls als gleichgültig betrachtet werden, woran wir glauben. Auch dafür gab es für ihn eine ganz plausible Begründung. Mochte es für einige Christen oder auch für jemanden, der einer anderen Glaubensrichtung angehörte, wie eine Anmaßung anmuten, sich als Teil Gottes zu bezeichnen, ja, sogar die Natur mit Gott gleichzusetzen, so verhielt es sich in seinen Augen genau umgekehrt, denn wer Gott von der Natur ausklammert und sich über diese stellt, wie es beispielsweise im Christentum gepredigt wird, der erhebt sich – konsequent weitergedacht – nicht nur über die anderen Lebensformen, sondern auch über Gott, weil Gott alles ist. Eigentlich, so dachte er, handelt es sich bei dem Wort *Schöpfung* um eine sehr schöne Benennung für das *Große*

Ganze, wenn man es, dem Verb *schöpfen* gleich, mehr im Sinne einer Entnahme versteht. Vielleicht wäre dann auch von Anfang an gepredigt worden, dass das Universum nicht von einem außenstehenden Gott erschaffen wurde, sondern in Gänze aus Gott heraus entstanden ist und aus ihm besteht. Doch ohne diese feine Unterscheidung von einer gewöhnlichen Erschaffung, wie die Gestaltung einer Modelleisenbahn oder die Kreation einer Hochzeitstorte zum Beispiel, hatte der Mensch die simple Gleichung nicht auf dem Schirm: Wie man mit sich selber, mit anderen und der Welt umgeht, so geht man auch mit Gott um; und im Umkehrschluss: Wie man mit Gott umgeht, so geht man auch mit sich selber um.

Je weiter man dies alles verinnerlicht, erkannte Tim, desto mehr relativiert sich auch die immer wieder gestellte Frage nach dem Leid in der Welt. Wenn Gott doch gut und allmächtig ist, wie kann er dann all das Elend zulassen? Mittlerweile kam ihm die Vorstellung, Gott könne mal eben so das Unglück auf Erden beseitigen, ziemlich utopisch vor. Die Schöpfung oder die Entfaltung ist eben gerade nicht mit einem Modellbau oder einer Hochzeitstorte zu vergleichen, bei denen man im Nachhinein wieder entfernen kann, was einem nicht gefällt oder im Vorfeld weglassen kann, was einem nicht schmeckt. Schlussendlich findet der Geist Gottes über die Entfaltung seine Erfüllung. Hätte es Gott im *Urminus-Zustand* nicht an Erfüllung gefehlt, dann wäre eine Entfaltung nicht erstrebenswert gewesen, und es wäre vermutlich gar nicht dazu gekommen, folgerte er. So hart es auch klingen mag und so sehr wir auch mit dem Unglück hadern, das war seine Erkenntnis: Glück findet seinen Ursprung im Unglück, es baut darauf auf, da es am Anfang ja keine Gegensätzlichkeit gab.

Tim ließ sich das alles noch einmal durch den Kopf gehen. Wieviel Leid in der Geschichte waren alleine schon der Frage geschuldet, welcher Glaube nun der „richtige" ist? Wieviel Elend könnte man quasi von innen heraus für die Zukunft abwenden, würde gerade die spirituelle Entwicklung der Menschheit einen Schub erfahren. Was hätte mehr Potenzial, den Menschen im Umgang mit seiner Umwelt zum Umdenken zu bewegen und zu sensibilisieren, als die Einsicht, dass alles Gott ist? Wäre das nicht das größte Geschenk überhaupt, das wir Gott machen könnten? Ein äußerst schwieriges Unterfangen, das wusste Tim, schließlich ist dem Menschen sein Glaube buchstäblich heilig. Aber bei dem Gedanken, was alleine eine Person schon ausrichten könnte, die es vermag, in den Köpfen der Menschen auch unbewegliche, starre Standpunkte in Fragezeichen umzuwandeln, bekam er eine Gänsehaut.

Auf dem Nachhauseweg gab sich Tim noch ein bisschen dem Träumen hin. Er versuchte sich vorzustellen, wie diese Welt wohl aussehen könnte, würde sich dieses *Allgott-Bewusstsein* über den Globus ausbreiten. Mit seiner zunehmend ganzheitlichen und interreligiösen Denkweise, merkte er jedoch, wie er sich mit der Benennung *Gott* immer schwerer tat, da diese in der Regel dem Christentum vorbehalten ist, wie *Allah* dem Islam. Er wollte keinen dieser vorherrschenden Namen verwenden und entschied für sich, den übergeordneten Geist stattdessen *Meta* zu nennen.

Obwohl auch die folgenden Wochen vorrangig im „Zeichen der Zwillinge" standen, arbeiteten in ihm und bearbeiteten ihn all diese Gedanken im Hintergrund weiter und trieben die Veränderung seines Bewusstseins weiter voran. Bei den Kindern sein zu dürfen und nicht ins Büro zu müssen, seine Gesundheit und das Ausbleiben der Panikattacken, seine Bilderbuchehe, all das war schon genügend Grund, innerlich zu feiern, seinem Empfinden nach wurde sein Dasein durch die neue Sicht der Dinge aber noch einmal um ein Vielfaches aufgewertet. Dank dieses schönen und intensiven Lebensgefühls der göttlichen und zugleich universellen Verbundenheit, wie er es in dieser Form noch nicht mal durch rauscherzeugende Substanzen erlangt hatte, ging er viel achtsamer und vitaler durch den Tag, und es gab kaum etwas, das ihn wirklich übel stimmen oder aus der Fassung bringen konnte. Er war bis in die Haarspitzen erfüllt mit Dankbarkeit. Sein Leben hatte Tiefe bekommen, und mehr denn je wertschätze er sein Glück, dass er sich hatte frei entfalten können und in einem Land lebt, in dem Meinungs- und Glaubensfreiheit großgeschrieben wird. Sogar seine Lust auf das Malen erwachte in ihm ganz neu, schließlich hatte sich in letzter Zeit eine Menge an kostbarem Gedankengut angesammelt, welches er auch gerne im Bild zum Ausdruck bringen wollte. In diesem Zusammenhang schien sich auch seine Vorahnung zu bewahrheiten, dass seine Ambivalenz ihm noch von Bedeutung werden sollte, wenn auch vielleicht nur indirekt. War es nicht der Fokus auf die Gegensätzlichkeit gewesen, in der all diese unfassbaren Erkenntnisse, dieses kostbare Gedankengut den Anfang gefunden hatte?

Tim wollte aber in Zukunft nicht länger mit inneren Zwiespälten und Widersprüchen leben, er war hochmotiviert, seine Lebensweise und seinen Glauben bestmöglich in Einklang zu bringen. Oftmals hinterfragte er sein Handeln und seine Haltung. Lebt er tatsächlich diese spirituellen Grundsätze, die aus seiner neuen Glaubensrichtung resultierten? Wo setzt er sich denn schon für andere Menschen oder die Natur ein? Geht er „allgöttlich" mit der Umwelt, den anderen und sich selbst um? War die Umsetzung guter Vorsätze früher oftmals an seiner begrenzten Selbstdisziplin gescheitert, so wurde dieses Defizit nun durch sein sensibilisiertes Gewissen wettgemacht.

Zum Wohle der Tiere nahm er sich vor, kein Fleisch mehr zu essen, und von einem Tag auf den anderen verzichtete er auch darauf, obwohl diverse Fleischgerichte immer zu seinen Leibspeisen gehört hatten. Auf seinen Spaziergängen mit Momo sammelte er im Wald oder am Rheinufer Müll ein, den andere achtlos weggeworfen hatten. Überdies versuchte er selber nur wenig Abfall zu produzieren, auf Plastiktüten vollends zu verzichten und sich konsequent an den Einkaufszettel zu halten, um hinterher möglichst keine verdorbenen Lebensmittel wegwerfen zu müssen. Ganz im Sinne seiner Überzeugung wollte er nun auch seinen Mitmenschen positiver begegnen, sie als Teil von *Meta* erkennen und dementsprechend auch höher achten. Doch genau das fiel ihm trotz seiner neuen Sichtweise sehr schwer. Hatte er den Umgang des Menschen mit der Umwelt und sein verantwortungsloses Einwirken auf die Natur schon immer kritisch gesehen, so bekam dies jetzt nochmal eine ganz neue und viel größere Dimension, indem er es in Bezug zu seinem Glauben setzte. Seine allgemeine Lebensanschauung hatte sich in den letzten Wochen zweifelsohne deutlich aufgehellt, sein Menschenbild wurde jedoch immer düsterer.

Tim ging eine lange Liste durch den Kopf, und sie war noch nicht einmal vollständig: Kriege, Morde, Attentate, Terroranschläge, Rassismus, Ausländerfeindlichkeit, Menschenhandel, Umweltverschmutzung, Raubbau, Massentierhaltung und Quälerei, Ausrottung ganzer Spezies und sogar Trophäentötungen, Diskriminierung von Frauen, Homosexuellen, Behinderten oder Alten, Ausbeutung, Misshandlungen, Missbrauch und Vergewaltigungen, dieses unbegreifliche und noch dazu menschengemachte Leid in der Welt, von dem er in der Zeitung las oder abends in den Nachrichten hörte, stieß ihm nicht erst jetzt übel auf, aber vor dem Hintergrund, dass sich in all dem ebenso der Umgang des Menschen mit *Meta* wiederspiegelte, war es ihm immer weniger möglich, dies – wie früher – zu verdrängen. Genauso wie er sich mehr und mehr als Teil eines lebenden Ganzen fühlte, so fühlte er auch zunehmend eine stärkere Verbindung zum Leid in der Welt.

Es waren aber nicht nur diese extremen Untaten und Missstände, hinzu kamen unzählige kleinere Beobachtungen in seinem unmittelbaren Umfeld, die ihn in einem weitaus höheren Maße störten als früher: Worüber die Leute redeten, über welche Nichtigkeiten sie sich schier endlos auslassen konnten, wie wichtigtuerisch und selbstgefällig sie auftraten, welche Urteile sie sich anmaßten, wonach sie strebten und dann die ganzen „Fliegenklatscher", „Spinnensauger" und „Betonwüstengärtner". In dieser Anfangsphase seines neuen Glaubens erschien es ihm, als sähe er überwiegend das Schlechte im Menschen. Tim versuchte, sich erstmal nicht anmerken zu lassen, wie kleingeistig, abstoßend und überhaupt nicht nachvollziehbar vieles auf ihn wirkte, und schon bald musste er sich eingestehen, dass er selbst auch auf dem besten Wege war, sich über Mitmenschen Urteile anzumaßen, entgegen seinem Vorsatz, ihnen mit mehr Achtung zu begegnen.

Das ist doch irgendwie verrückt, dachte er sich, wir sind auf vielen Gebieten hochentwickelt und fortschrittlich, doch bei den grundlegenden Werten, zum Beispiel im Bereich der Zwischenmenschlichkeit oder auch der Spiritualität, da wo eine Weiterentwicklung ganz besonders von Nöten wäre, geht es – wenn überhaupt – mit angezogener Handbremse weiter. So sehr Tim auch bestrebt war, inneren Missklang in bestmöglichen Einklang zu verwandeln, kam es ihm aber so vor, als würde sich zwischen seiner neuen Weltsicht, die sich aus seinem Glauben ergeben hatte, und der Welt des Alltags da draußen, mit der er sich nun einmal auch arrangieren musste, ein länger und breiter werdender Riss ziehen, der sich nicht so einfach kitten ließe.

Wie Tim es sich vorgenommen hatte, begann er, nach einem Minijob Ausschau zu halten. Schnell wurde er fündig. Im Kölner Wochenspiegel stieß er auf die Stellenanzeige einer Firma, die Betreuungskräfte für Familien und Senioren suchte. Ihm gefiel die Vorstellung von einer Tätigkeit mit gesellschaftlichem Mehrwert. Nach einer telefonischen Anfrage, ob er dieser Arbeit auch nachmittags oder abends nachgehen könne, wurde er direkt zu einem Vorstellungsgespräch eingeladen, obwohl er noch nicht einmal eine Bewerbung geschrieben hatte.
Dieser Termin verlief weitaus zwangloser als Tim im Vorfeld erwartet hatte. Die Geschäftsführerin war gar nicht anwesend, stattdessen nahm ihn eine einfache Angestellte in Empfang und setzte sich mit ihm in ein kleines Büro. Sie erklärte ihm in groben Zügen, welches Aufgabengebiet auf ihn zukäme und sagte ihm, welchen Stundenlohn er dafür zu erwarten hatte. Natürlich war sein Verdienst früher deutlich höher gewesen, aber das war ihm vorerst egal. Nachdem Tim sein Interesse an dieser Stelle noch einmal bekundet hatte, nahm die Mitarbeiterin seine Daten auf und notierte sich das Zeitfenster, in dem er eingesetzt werden wollte. Sich gut verkaufen? Das war hier anscheinend unnötig. Tim hatte das Gefühl, er hätte genauso gut ungewaschen und ungekämmt im Trainingsanzug erscheinen können. Qualifikationen, Erfahrungen oder Vorkenntnisse brauchte er für diesen Job offenbar auch keine. Er musste lediglich zeitnah an einem dreitägigen Einführungsseminar teilnehmen und eine Schu-

fa-Auskunft sowie das erweiterte Führungszeugnis vorlegen, dann konnte es sofort losgehen. Als Tim die Räumlichkeiten verlassen hatte, wusste er nicht, ob die Stelle ihm nun sicher war oder ob noch weitere Gespräche, vielleicht in Anwesenheit der Geschäftsführerin, stattfinden sollten.
Es war wohl Ersteres, denn bereits ein paar Tage später fand er sich mit dem unterschriebenen Arbeitsvertrag und den benötigten Unterlagen im Schulungsraum ein, lauschte den Vorträgen der Einsatzleiterin und nahm an einem Erste-Hilfe-Kurs teil. Ab und zu blickte Tim sich in der Runde seiner neuen Kollegen unauffällig um. Er fragte sich, ob er hier reinpassen und vielleicht endlich mal in beruflicher Hinsicht ein Gefühl von Zugehörigkeit entwickeln würde? Die Frauen waren eindeutig in der Überzahl, was er durchaus als angenehm empfand, und vom Alter her ordnete er sich im Mittelfeld ein. Auf ihn wirkten die meisten Seminarteilnehmer auf den ersten Blick sehr sympathisch und unkompliziert. Man konnte mit ihnen leicht ins Gespräch kommen, und Tim nutzte die Pausen, um den ein oder anderen Kontakt zu knüpfen. Für ihn war es eine wohltuende Erfahrung, dass Geld und Karriere bei allen eine untergeordnete Rolle zu spielen schien. Offenbar herrschte Not am Mann oder treffender an der Frau, denn zwei von ihnen wurden völlig überrumpelt direkt aus der Schulung heraus zu Klienten beordert. Auch Tim musste nicht lange auf seinen Einsatz warten und ihm wurden alsbald die ersten Klienten zugewiesen. Hierbei handelte es sich zunächst ausschließlich um kurzbefristete Tätigkeiten, sozusagen auf Probe, um zu sehen, ob er sich für diese Art von Beschäftigung überhaupt eignete.
Anfangs war Tim ein bisschen nervös, weil er nicht genau wusste, was da auf ihn zukam, ob er den Anforderungen gewachsen war und wie die Leute auf ihn reagierten. Möglicherweise entsprach er gar nicht ihren Vorstellungen von einer professionellen Betreuungskraft. Doch die Bedenken waren umsonst gewesen, es lief alles glatt. Mit seiner ersten Klientin, einer alleinstehenden Frau, die ebenfalls in Rodenkirchen wohnte, verstand er sich auf Anhieb blendend. Sie hielt auch eine Hündin, und er war ihr sogar schon ein paar Mal auf seinen

Spaziergängen mit Momo begegnet. Bei einem Fahrradunfall hatte sie sich das Handgelenk gebrochen, und Tim musste ihr lediglich bei den Einkäufen oder beim Putzen helfen, das war's. Anschließend spendierte sie ihm immer noch einen Eisbecher, wenn die Zeit dafür noch reichte. Bei einem anderen Einsatz bestand seine Aufgabe darin, zweimal in der Woche ein kleines Mädchen vom Kindergarten in Wesseling abzuholen und bei ihr zu Hause zu betreuen, bis ihr Vater von der Arbeit nach Hause kam. Dass er in diesem Fall für das Spielen mit Puppen, Einhörnern und Kuscheltieren bezahlt wurde, hatte für Tim schon eine gewisse Komik.

Babysitten und Badezimmer putzen, nein, früher hätte er solche Tätigkeiten wohl kaum ernsthaft als Alternative zu seinem Bürojob in Betracht gezogen, aber es war ihm eigentlich egal, was er im Einzelnen bei den Leuten machen musste, unterm Strich waren es alles gute Taten, die auch ihm guttaten. Zwar gab er sich unter der Woche mit Anna die Klinke in die Hand, und es war organisatorisches Geschick erforderlich, um zeitlich alles unter einen Hut zu bekommen, aber noch nie zuvor war Tim so entspannt und mit einem Gefühl von Zufriedenheit zur Arbeit gegangen. Auch seine Einsatzleiterin signalisierte ihm, dass er sehr gut in ihr Team passte und verschaffte ihm weitere Aufträge. Die Aufgabengebiete waren breitgefächert, mal half er im Garten, mal bei einem Umzug und hin und wieder begleitete er seine Klienten zu Therapien oder Arztbesuchen. Zu seinen Einsätzen bei einem älteren Mann mit fortgeschrittener Demenz sollte er sogar Momo unbedingt mitbringen, weil der Mann ganz vernarrt in Hunde war. Tim kam durchweg sehr gut an, ob es der Hund, Kunst, Philosophie oder Religion war, überall gab es mindestens ein gemeinsames Interesse, über welches man bei einer Kaffeepause reden und sich näherkommen konnte.

Doch da war auch dieser eine Fall, bei dem er wohl früher mit Sicherheit vorzeitig das Handtuch geworfen hätte. Es ging um einen bettlägerigen Mann im hohen Alter, dem vor einigen Jahren ein Bein amputiert worden war. Tim sollte ihn ausschließlich abends betreuen und ihm vor der Nachtruhe noch eine Kleinigkeit zu Essen zubereiten, gegebenenfalls noch etwas einkaufen gehen, die Blumen gießen und sich mit ihm unterhalten. Für die pflegerische Betreuung, die dieser Klient zweifelsohne auch benötigte, war Tim nicht vorgesehen, geschweige denn ausgebildet. Doch der zuständige Pflegedienst besuchte ihn nur einmal täglich, immer nur vormittags, wie sich später herausstellen sollte. Seine eigenen Kinder wickeln, das war kein Problem, aber als Tim eines Abends realisierte, dass dieser alte Mann, der sich kaum bewegen konnte, soeben sein großes Geschäft verrichtet hatte und nun vorm Schlafen unbedingt eine saubere Windel brauchte, da stand er vielleicht vor der größten beruflichen Herausforderung seines ganzen bisherigen Lebens. Noch vor gar nicht so langer Zeit wäre er an dieser Stelle wohl kurz aus dem Raum gegangen, hätte heimlich die Einsatzleiterin angerufen und eine Pflegekraft der Firma angefordert, aber so sehr er sich auch ekelte, irgendetwas in ihm wollte sich dieser Problematik stellen und ohne zu zaudern das tun, was nun einmal getan werden musste.

Tim versuchte seinem Klienten gegenüber, Ruhe, Souveränität und eine gewisse Selbstverständlichkeit auszustrahlen, als ob er das ihm Bevorstehende schon hundertmal gemacht hätte. Aus einem kleinen Nebenraum holte er ein Paar Gummihandschuhe, Feuchttücher und eine neue Windel, die der Pflegedienst dort deponiert hatte, setzte sich auf das Bett und schlug die Decke zurück. Andere machen das mehrmals täglich, sagte er sich im Stillen. Nachdem er die Windel geöffnet hatte, dachte er zunächst erleichtert, es handelte sich hier um einen Fehlalarm, denn die Windel war leer. Aber woher kam dann dieser Gestank? Dafür gab es eigentlich nur eine Erklärung. Tim hob den Hodensack an und sah, dass der Mann seinen Darm tatsächlich entleert hatte, nur hatte sich seine Notdurft in den vielen Haaren verfangen, die zwischen seinen Pobacken wucherten. Brechreiz! Tim unterdrückte diesen, indem er die Luft anhielt und buchstäblich seine Zähne kräftig zusammenbiss. Die folgenden Minuten zogen sich in die Länge, wie die engen Gummihandschuhe beim Ausziehen danach. Tim war anschließend froh, dass er dem alten Mann helfen konnte, und je öfter er dies im Rahmen seiner Besuche wiederholte, desto mehr gewöhnte er sich daran, und die Handgriffe wurden immer geübter. Alles in allem bescherte ihm dieser Minijob nicht nur wertvolle Erfahrungen und gab ihm das Gefühl, beruflich endlich etwas sehr Sinnvolles zu machen, er kam auch wie die richtige Medizin zur rechten Zeit, denn die vielen herzlichen, zwischenmenschlichen Momente und die tieferen Einblicke in andere Familienverhältnisse und Lebensgeschichten, die mitunter sein Mitgefühl weckten, hellten sein dunkles Menschenbild zunehmend wieder auf.

Eines Tages bekam Tim einen Anruf aus dem Büro. Seine Kollegin teilte ihm mit, dass eine seiner Klientinnen, eine noch recht junge Frau, für die er Gartenarbeit verrichtet hatte, vom Nachbarn leblos auf dem Fußboden aufgefunden worden war. Die genaue Todesursache war nicht bekannt, aber man vermutete Herzversagen. Tim traf diese Nachricht völlig unerwartet. Gerade erst bei seinem letzten Einsatz war die Frau ihm gegenüber ein bisschen aufgetaut und hatte ihm erzählt, dass es ihr nach langer Leidenszeit gesundheitlich deutlich besser ginge und sie sogar plane, endlich mal wieder ihre Verwandten in Bayern zu besuchen. Nichts an ihrer körperlichen Verfassung hatte zu dem Zeitpunkt auf einen nahenden Tod hingedeutet. Obwohl er bei ihr noch gar nicht so lange gearbeitet und keine sonderlich enge Bindung zu ihr aufgebaut hatte, stimmte ihn dieser Todesfall, verbunden mit der Vorstellung, wie diese einsame und zarte Frau ganz alleine auf dem kalten Fußboden gestorben war, sehr traurig und nachdenklich.

In Tim stieg das Bedürfnis auf, sich wieder stärker den Beziehungen in seinem engeren Umfeld zuzuwenden und diese mehr zu pflegen. Da gab es zum Beispiel seine alten Kumpels, Bande aus Kindertagen, die scheinbar nicht stark genug waren, den Verschiebungen der Lebensinhalte, die oftmals mit dem Älterwerden einhergehen, standzuhalten. Tim hatte die Schuld dafür bislang immer bei den anderen gesucht, und es war jammerschade, dass sich – bis auf David – keiner von seinen alten Freunden mehr blicken ließ, mal etwas aus dem persönlichen Leben preisgab, hin und wieder Interesse zeigte oder sich zumindest nach seinen Kindern erkundigte. Aber war er da nicht viel zu selbstgerecht? Schob er die Verpflichtungen in seiner neuen Vaterrolle nicht nur vor, um die eigene Untätigkeit vor seinem Gewissen zu rechtfertigen? Wenn fast alle seiner Freunde offensichtlich kein Bedürfnis verspürten, sich mit ihm zu treffen, dann hatte das sicher einen guten Grund, der wohl eher mit seiner Person zusammenhing. Wieviel investierte er denn schon in den Fortbestand der Freundschaften?

Dann war da noch sein Vater, irgendwo im Stapel der Erinnerungen über die Jahre von ihm ganz weit nach unten geschoben, dass es Tim beinahe so vorkam, als wäre dieser kein Teil seines jetzigen, sondern eines früheren Lebens gewesen. Eigentlich dachte er nur noch an ihn, wenn seine Mutter oder seine Schwester von ihm sprachen, und das war selten der Fall. Sie wussten nicht einmal, ob er überhaupt noch lebte. Anna hatte nie verstehen können, wie ihm sein Vater offenbar völlig gleichgültig sein konnte, warum er gar kein Bedürfnis verspürte, ihn wiederzusehen. Ihr Vater hatte sich das Leben genommen, als sie noch ganz klein gewesen war. Sie besaß von ihm nur ein kleines verblasstes Foto, und das Wenige, was sie von ihm wusste, stammte aus Erzählungen ihrer Mutter. Was würde sie nicht alles unternehmen, nur um ihn wenigstens noch einmal sehen zu dürfen. Auch auf Annas Frage hin, ob er seine Einstellung vielleicht doch eines Tages bereuen könnte, wenn es zu spät sein sollte, hatte Tim nur mit dem Kopf geschüttelt. Dieses Kapitel war für ihn endgültig abgeschlossen – so glaubte er.

Tim kramte ganz unten in seinen Erinnerungen und rief sich noch einmal ins Gedächtnis, wie sehr er als Kind seinen Papa geliebt und sich auf die gemeinsamen Sonntage mit ihm gefreut hatte. Von den genauen Hintergründen der Scheidung, seiner Affäre mit dem Kindermädchen und seinen unzähligen Lügen, hatte er damals noch nichts gewusst. Und anders als seine Schwester Nele, die trotz geringen Altersunterschieds schon deutlich reifer gewesen war als Tim, hatte er seinerzeit ausschließlich Gutes in seinem Vater gesehen und anhimmelnd zu ihm aufgeschaut. Dass diesem Sockel, auf den er ihn gehoben hatte, das Fundament fehlte, hatte er erst ganz langsam eingesehen und mit fortschreitender Desillusionierung zunehmend auch das Inte-

resse an seinem Vater verloren.
Tim horchte in sich hinein. Nach wie vor hatte er nicht den Eindruck, dass er sich in dieser Beziehung irgendwie schlecht oder falsch verhalten hatte, aber richtig gut fühlte sich der Stand der Dinge auch nicht gerade an. Einmal angenommen, sein Vater ist in diesem Moment ebenso einsam wie seine verstorbene Klientin es gewesen war, dachte er sich, will er ihn dann wirklich aufgrund seiner eigenen persönlichen Befindlichkeiten diesem Zustand überlassen und gewissermaßen an diesem Unglück mit beteiligt sein? Zwar brannte er immer noch nicht darauf, seinen Vater wiederzusehen, aber würde ihm denn ein Zacken aus der Krone brechen, wenn er ihm zumindest mal eine E-Mail schriebe und ihm damit zeigte, dass er für ihn noch nicht gestorben war? Verletzter Stolz, beleidigtes Ego, gekränktes Ehrgefühl und die damit verbundene Dickköpfigkeit, eigentlich ist es doch diese „Krone der Eitelkeiten", die uns um unser Glück bringt und uns im Nachhinein oder besonders ganz am Ende ziemlich alt aussehen lässt, erkannte er für sich.
Tim stellte sich seine zwischenmenschlichen Verbindungen einmal bildlich vor. Wenn das Universum in erster Linie doch eine geistige Entfaltung und ohnehin alles miteinander verbunden ist, überlegte er, kann man den Kontakt zu jemandem zwar abbrechen, die Verbindung aber bleibt bestehen. Mit dem Gedanken, in diesem Geflecht geistiger Verknüpfungen ein verkümmerter Bestandteil zu sein, der mit seiner Umgebung nur sehr dürftig interagiert, konnte er sich auch nicht anfreunden. Tim wollte versuchen, ein möglichst aktiver Kontaktpunkt mit positiver Ausstrahlung zu werden, der seinen Mitmenschen guttut. Und da er sich ja nun als Teil eines Metageistes verstand, in dessen Streben zum Positiven das gesamte Universum seinen Anfang genommen hatte, war dies auch im Hinblick auf seinen Glauben eine logische Konsequenz.
In den folgenden Tagen rief er bei seinen alten Freunden an, um sich mit ihnen zu verabreden. Außerdem verfasste ein paar lockere Zeilen, in denen er sich bei seinem Vater nach seinem Befinden erkundigte und ihm mitteilte, dass er Großvater von Zwillingen geworden ist. Das Ganze schickte er an eine alte

E-Mail-Adresse, die er von seiner Mutter bekommen hatte, nicht wissend, ob diese Zeilen seinen Vater überhaupt erreichten, dennoch hatte Tim das Gefühl, mit wenig Aufwand einen scheinbar alten verrosteten Riegel zurückgeschoben zu haben. Einige Wochen später trudelte in seinem Postfach dann tatsächlich ein, womit er schon fast nicht mehr gerechnet hatte. Die Antwort seines Vaters umfasste, ähnlich wie Tims Mail zuvor, lediglich ein paar knappe Sätze, die so gut wie gar nichts von seinem Leben preisgaben, geschweige denn von seinem Innenleben. Aber Tim freute sich trotzdem, denn – nach über fünfzehn Jahren totaler Funkstille – war zumindest ein erster Kontakt wiederhergestellt und ein neuer Anfang gemacht, was auch immer daraus entstehen mochte.

In erster Linie aber war seine eigene Vaterrolle in dieser Zeit der Mittelpunkt seiner Gedanken, und zumeist abends, wenn die Sarah und Lisa in ihren Betten schliefen, sinnierte er gemeinsam mit Anna, worauf sie bei der weiteren Erziehung ihrer Kinder den Fokus legen wollten. Auch führten sie sich vor Augen, dass ihnen selber jederzeit etwas zustoßen konnte, und sie überlegten, wie sie für den Fall ihres verfrühten Ablebens die Zukunft ihrer Kinder bestmöglich absichern konnten. Abgesehen von der Benennung einer Patenschaft, bei der ihre Wahl auf Annas gute Freundin Andrea fiel, und dem Abschließen einer Lebensversicherung war es ihnen beiden – ganz besonders Anna – sehr wichtig, ihren Kindern mehr Persönliches zu hinterlassen, als nur ein paar Fotos oder Videos. Sie begann, wichtige Gedanken, die sie den Zwillingen gerne mit auf den Lebensweg geben wollte, schriftlich festzuhalten. Lisa und Sarah sollte zumindest ein liebevoller Brief von ihrer Mama bleiben. Tim gefiel Annas Idee, und er versuchte es ihr gleichzutun, da für ihn das Wertvollste, das er seinen Kindern hinterlassen konnte, ohnehin geistiger Natur war. Als Tim überlegte, was er Sarah und Lisa alles mitteilen wollte, wurde ihm schnell bewusst, dass ein paar Sätze dafür unmöglich ausreichten. Auch im Falle seines plötzlichen Ablebens sollten sie unbedingt erfahren, warum ihr Papa wie gedacht hatte. Aber er musste sich etwas einfallen lassen, denn die Vorstellung daran, dass den Kindern herzerwärmende Zeilen von Anna blieben und ihr Papa überforderte sie in seinem Abschiedsbrief mit *Metapunkten*, einem *Urminus* und der Bildung der Gegensätzlichkeit, bereitete ihm Schwierigkeiten. Möglicherweise konnten seine Töchter all dem später einmal gar nichts abgewinnen oder hielten ihn gar für plemplem, doch der Gedanke, dass er dieses in seinen Augen ungemein wichtige geistige Gut ungeteilt mit in den Tod nähme, machte ihm ernsthaft zu schaffen. Seine Schlussfolgerungen und Erkenntnisse befanden sich entweder ungesichert in seinem Oberstübchen oder für andere zum Teil sehr unleserlich niedergeschrieben und unsortiert im Keller, verstreut zwischen Skizzen, Ausdrucken und anderem Zeug, seit sein Atelier oben unterm Dach dem Schlafzimmer hatte weichen müssen. Würden sich seine Kinder oder irgendwer sonst jemals die Mühe machen, sich da durchzukämpfen oder die Blättersammlung eher beim Entrümpeln kurzerhand in die Altpapiertonne werfen?

Doch darüber hinaus war Tim der Ansicht, dass es sich hierbei um Inhalte handelte, die nicht nur Sarah und Lisa etwas angingen. Diese metaphysischen Themen auf Spaziergängen oder beim Kaffeetrinken nur zu streifen, reichte ihm nicht annähernd aus, er empfand es fast schon als seine Pflicht, seine philosophischen Gedankengänge mit der Allgemeinheit zu teilen. Wie er zu seinen gemalten Allegorien seinerzeit unbedingt die Meinung seines Lehrers, eines Profis, hatte hören wollen, so brannte er nun auch darauf, mit Philosophen, Astronomen, Biologen oder auch Mathematikern über die *Urminus-Theorie* zu sprechen, nur war sein Drang diesmal noch um ein Vielfaches stärker. Für ihn ging es hier nicht um sich oder seine Karriere als Maler, sondern um die Entwicklung der Menschheit, den Umgang mit der Erde, der Umwelt, den Tieren und Pflanzen und natürlich um *Meta*, kurzgefasst: um alles zusammen. Vermutlich gab es da sogar noch viel mehr Argumente, die für die *Urminus-Theorie* sprachen, die Tim leider nicht auf dem Schirm hatte, dafür aber mit Sicherheit die Gelehrten. Doch selbst wenn sich niemand dafür interessierte und er keine Rückkopplung erhielte, wie es ihm mit seinem Meister ergangen war, oder die Leute seine geknüpften

Schlussfolgerungen in der Luft zerrissen, er musste zumindest den Versuch machen, sie zu veröffentlichen. Tim war offen für Kritik, und er wollte unbedingt wissen, wie andere darüber dachten.
Was nun? Sollte er über die *Urminus-Theorie* eine Art Abhandlung schreiben und im Internet hochladen? Oder sich auf den Maternusplatz in Rodenkirchen stellen und Flyer zum Allgottglauben verteilen? Oder sollte er sich doch besser nur auf die Kunst konzentrieren, die wichtigsten Gedanken in Bildern zum Ausdruck bringen und dann auf eine Ausstellung hinarbeiten? Schließlich hatte er nach wie vor den Wunsch und auch die Hoffnung nicht aufgegeben, ebenso auf diesem Gebiet weiterzukommen und sich einen Namen als Künstler zu erarbeiten. Und was war mit der Zusammenhangslehre, der Einführung eines ganzheitlichen Unterrichts? Auch das empfand er als sehr wichtig, und er wollte sich gerne dafür einsetzen. Was konnte er tun? Sollte er eine Unterschriften-Petition anleiern oder gar direkt ans Bildungsministerium schreiben? Zusätzlich Druck machte ihm, dass die Kindergartenzeit der Zwillinge immer näher rückte und er sich auf dem Arbeitsmarkt nach einem neuen Job umsehen musste. Aufgrund des geringen Stundenlohns eignete sich sein Minijob nicht als Dauerlösung. Zudem war die Anzahl seiner Einsätze sehr schwankend. Es gab Wochen, da war tote Hose, manchmal sagte ein Klient seinen Termin ganz einfach ab, oder Tim stand ohne vorherige Info vor verschlossener Tür. Es war klar, als Familienvater brauchte er da schon langfristig etwas mehr Sicherheiten und Struktur sowie ein höheres Arbeitsentgelt. Mit diesen vielen Fragezeichen in seinem Kopf fühlte sich Tim wie der sprichwörtliche Ochs vorm Berg, und er wusste nicht, wie er nun am sinnvollsten vorgehen sollte. Das Problem seiner stark begrenzten Freizeit kam noch erschwerend hinzu. Die Betreuung der Kinder und des Hundes, der Minijob und all die anderen Erledigungen rund um den Haushalt, was danach vom Tag noch übrig blieb, wurde zumeist durch Unternehmungen mit der Familie oder Freunden ausgefüllt. Darauf wollte er auch um keinen Preis verzichten. Doch keine seiner vielen Vorhaben ließe sich mal eben so im Vorübergehen erledigen.

Allein das Suchen und Finden einer geeigneten neuen Arbeitsstelle konnte sich bekanntlich lange hinziehen. Ebenso das Sortieren nach Priorität fiel ihm schwer. Ohne Wenn und Aber, seine Familie war für ihn jetzt am wichtigsten, inklusive ihrer finanziellen Absicherung. Aber gemessen an der Tragweite seiner Erkenntnisse und immer in Hinblick darauf, dass jeder Tag der letzte sein konnte, musste er sein Gedankengut so schnell wie möglich für andere zugänglich machen, zumal er den Drang des Teilens bereits jetzt schon kaum zu unterdrücken vermochte, und es für ihn undenkbar war, diesen ansteigenden Druck noch über Wochen, Monate oder gar Jahre zu ertragen. Wie konnte er sich damit voll und ganz seinem Familienleben hingeben?

Dann kam Tim auf einmal eine Idee: Zwar lagen seine vielen Vorhaben inhaltlich mitunter sehr weit auseinander, doch sie waren alle auch über ihn miteinander verbunden, weil sie sich aus seiner Sichtweise ergeben hatten – er selber war der gemeinsame Nenner. Was sprach dagegen, ein kleines Büchlein über sich und somit über all die Themen zu schreiben, die er für so wichtig befand? Wer weiß, möglicherweise taten sich dadurch sogar noch ganz neue berufliche Perspektiven auf? Und sollte es im ungünstigsten Falle niemanden interessieren, wäre diese Erfahrung gewiss enttäuschend, dachte er sich, aber er hätte zumindest sein Gedankengut gesichert, und er könnte sich über so etwas Ähnliches wie ein Tagebuch freuen, um damit auch im hohen Alter eine Art Erinnerungshilfe zu haben.

Tim hatte keine Ahnung, was man bei der Erstellung und Veröffentlichung eines Buches alles beachten musste, aber je länger er darüber nachdachte, desto überzeugter war er davon, dass das Niederschreiben seiner Geschichte das Beste war, was er in seiner Situation machen konnte. Auch Anna pflichtete ihm bei, nachdem er ihr von seiner Idee erzählt hatte. Also ließ er keine Zeit mehr verstreichen und wagte sich, sobald er etwas Freiraum hatte, voller Ehrgeiz an dieses Projekt. Zunächst grübelte er, in welcher Reihenfolge er das viele lose Einzelne in seinem Kopf und auf dem Papier zu einem bündigen Ganzen zusammenbauen konnte, aber er wusste nicht, wie oder womit er beginnen sollte. Am besten vorne und der Reihe nach, sagte er sich, ganz wie es seinem Bedürfnis nach Struktur und Ordnung entsprach. Aber was war ein guter Anfang für sein Buch? Vielleicht seine Gedanken rund um den Punkt? Schließlich fängt alles gewissermaßen mit einem Punkt an. Oder machte es Sinn, viel früher anzusetzen, damals mit der getöteten Fliege? Bis zu seiner Geburt wollte er ganz sicher nicht zurückgehen. Nein, eigentlich hatte das, worum sich der Stoff seines Buches einmal drehen sollte, erst so richtig Fahrt aufgenommen, als er in der Straßenbahn Renata begegnet war, dachte er sich.

Genauso fing er an und schrieb, wann immer er konnte, weil ihm dieses Projekt so viel bedeutete. Während er versuchte, sich beim Schreiben in die Zeit zurückzuversetzen, stellte er mehr und mehr fest, wieviel sich seit dem Tag damals in ihm verändert und er über sich selbst gelernt hatte. Und ähnlich, wie es beim Malen seiner Allegorien der Fall gewesen war, ging mit diesem Schaffen das intensive Gefühl einher, gerade dabei zu sein, die Rolle des passiven Beobachters immer weiter hinter sich zu lassen und zu einem mündigen Mitgestalter zu werden, der an der Entwicklung der Menschheit teilhaben wollte und sich im Rahmen seiner Interessen und Begabungen dafür einsetzte.

Die folgenden Wochen und Monate vergingen für ihn wie im Flug. Tim ging es rundum gut, nicht nur, weil ihm das Schreiben Spaß machte und er ein klares Ziel verfolgte, sondern auch gesundheitlich. Er hatte es geschafft, die Disziplin aufzubringen, endgültig mit dem Rauchen aufzuhören und sogar Lust bekommen, wieder ein wenig Sport zu treiben. Um sein Buch fertigzustellen, visualisierte er immer wieder sein *Gedanken-All* und tauchte in seiner Vorstellung ganz tief ein in diesen Kosmos der Punkte. Die Arbeit an seinem Projekt förderte zudem den Allegoristen in ihm, denn im Zuge seiner Überlegungen konnte er eine Fülle an Ideen für zukünftige Bilder sammeln. Bilder, die sich, genau wie Tims Persönlichkeit, nicht so einfach in eine Schublade stecken ließen, weil sie durch keine Regeln begrenzt wurden. Alles Erdenkliche durfte in diese einfließen, um die jeweilige Philosophie dahinter zu verdeutlichen. Alles war erlaubt: Wörter oder sogar ganze Sätze, zum Beispiel in Form eines Symbols oder Pfeils, Strichmännchen und natürlich Punkte. Aber jetzt war erst einmal das Büchlein an der Reihe, und erst danach würde er sich wieder seiner Malerei ungeteilt zuwenden.

Als Tim den letzten Satz niedergeschrieben hatte, war er einfach nur glücklich und erleichtert, ja, geradezu von einem Druck befreit. Nun musste es sich zeigen, ob und in wie weit der abschließende Punkt über seine Funktion als einfaches Satzzeichen hinaus, nicht nur ein Schlusspunkt war, sondern auch ein symbolischer Anfangspunkt werden sollte.